RÉNYI PICTURE DICTIONARY

PORTUGUESE AND ENGLISH

ÉDITIONS RÉNYI INC.
355 Adelaide Street West, Suite 400, Toronto, Ontario Canada M5V 1S2

The Rényi Portuguese Picture Dictionary

Copyright © 1990, 1991, Éditions Rényi Inc.

Illustrated by Kathryn Adams, Pat Gangnon, Colin Gilles, David Shaw and Yvonne Zan.
Cover illustration by Colin Gilles. Designed by David Shaw and Associates.

Typesetting by Éditions Rényi Inc.

Color separations by New Concept Limited.

Printed in Singapore by Khai Wah Litho Pte Limited.

All rights reserved. No part of this publication may be reproduced or transmitted in any form, by any means, including photocopying, recording or information storage without permission in writing from the Publisher. It is illegal to reproduce this publication.

In this dictionary, as in reference work in general, no mention is made of patents, trademark rights, or other proprietary rights which may attach to certain words or entries. The absence of such mention, however, in no way implies that words or entries in question are exempt from such rights.

Portuguese translation by Francisco Manuel da Costa, Marcelo Freire, Manuela Marujo, Manuela dos Santos Palma and Elizabeth Rényi.

The Rényi Portuguese Picture Dictionary   ISBN 0-921606-32-X

INTRODUCTION

Some of Canada's best illustrators have contributed to The Rényi Portuguese Picture Dictionary, which has been carefully designed to combine words and pictures into a pleasurable learning experience.

Its unusually large number of terms (3336) makes The Rényi Portuguese Picture Dictionary a flexible teaching tool. It is excellent for helping young children acquire language and dictionary skills in English or in Portuguese. Because the vocabulary it encompasses is so broad, this dictionary can also be used to teach older children and adults as well. Further, the alphabetical Portuguese index included lets Portuguese speakers quickly locate the English words. Thus it is also an effective tool for teaching English as a second language. Brazilian terms are marked with an asterisk.

THE VOCABULARY

The decision on which words to include and which to leave out was made in relation to three standards. First, a word-frequency analysis was carried out to include the most common words. Then a thematic clustering analysis was done to make sure that words in common themes (animals, plants, activities etc.) were included. Finally, the vocabulary was expanded to include words which children would likely hear, ask about and use. This makes this dictionary's vocabulary more honest than most. 'To choke', 'greedy', 'to smoke' are included, but approval is withheld.

This process was further complicated by the decision to *systematically* illustrate the meanings. Although the degree of abstraction was kept reasonably low, it was considered necessary to include terms such as 'to expect' and 'to forgive', which are virtually impossible to illustrate. Instead of dropping these terms, we decided to provide explanatory sentences that create a context.

USING THIS DICTIONARY

Used at home, this dictionary is an enjoyable book for children to explore alone or with their parents. The pictures excite the imagination of younger children and entice them to ask questions. Older children in televisual cultures often look to visual imagery as an aid to meaning. The pictures help them make the transition from the graphic to the written. Even young adults will find the book useful, because the illustrations, while amusing, are not childish.

The alphabetical Portuguese index at the end of this book lists every term with the number of its corresponding illustration. Teachers can use this feature to expand children's numeracy skills by asking them to match an index number with the illustration. The dictionary as a whole provides an occasion to introduce students to basic dictionary skills. This work is compatible with school reading materials in current use, and can serve as a 'user-friendly' reference tool.

Great care has been taken to ensure that any contextual statements made are factual, have some educational value and are compatible with statements made elsewhere in the book. Lastly, from a strictly pedagogical viewpoint, the little girl featured in the book has not been made into a paragon of virtue; young users will readily identify with her imperfections.

A MEUS AMIGOS

Talvez este livro seja seu primeiro dicionário de verdade . . . vai ser legal.

Meu nome é Júlia. Eu vou à escola, tenho aulas de natação, tenho um irmãozinho e um montão de opiniões. Se você quiser conhecer meu pai, o almirante, olhe na página da direita. Você o verá no canto de baixo. Minha mãe aparece na página seguinte e se quiser me conhecer, veja a palavra 'calm'.

Comigo você aprenderá muitas palavras correntes e interessantes e, também, alguns números.

Cinco adultos se divertiram muito desenhando os quadros. Eu também fiz um desenho (a zebra). Sabe qual é minha última palavra?

Este dicionário foi escrito especialmente para meus amigos. Eu espero que vocês todos gostem.

Júlia

além de A Júlia devia comer outras coisas **além da** sobremesa. **Além disso**, não deveria comer tanto açúcar. *Julia should eat something else besides dessert.* *Besides, you should not eat so much sugar.* 239 besides	**a melhor**  240 best	**melhor** A Suely escreve **melhor** do que Tomás. O Tomás é **melhor** em desenho do que a Júlia. *Suely writes better than Tomás.* *Tomás is better in art than Júlia.* 241 better	O Filipe anda **entre** os rochedos.  242 between
o babete/o babadouro*  243 bib	**a bicicleta**  244 bicycle	**grande**  245 big	"Bike" também quer dizer bicicleta.  246 bike
a nota (de dinheiro)  247 bill/banknote*	**o quadro** para afixar reclamos  248 billboard/hoarding*	O **bilhar** é um jogo.  249 billiards/snooker*	**amarrar, atar** 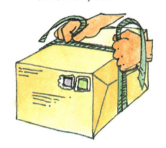 250 to bind/tie up*
os binóculos  251 binoculars	**o pássaro**  252 bird	**nascimento** Eles ficaram felizes com o **nascimento** do primeiro filho. Ela é portuguesa de **nascimento**. *They were happy at the birth of their first child.* *She is Portuguese by birth.* 253 birth	**Parabéns a você!**  254 birthday
o biscoito  255 biscuit	O Fábio **deu uma dentada** no pão.  256 to bite	Foi uma **dentada** bem grande.  257 bite	**amargo** A cerveja tem um gosto **amargo**. A Júlia chorou lágrimas **amargas** quando perdeu a boneca. *Beer has a bitter taste.* *Júlia wept bitter tears when she lost her doll.* 258 bitter

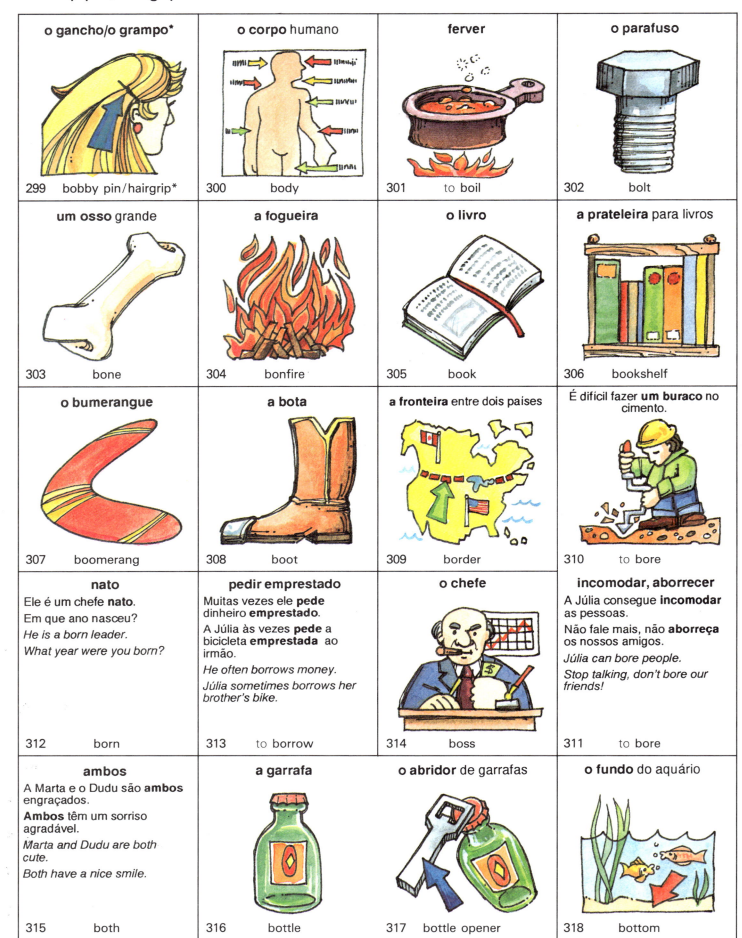

certo A Júlia está **certa** sobre isso. Ela tem uma **certa** impressão sobre o Caio. *Julia is certain about that.* *She has a certain feeling about Caio.* 478 certain	**o certificado, a certidão**  479 certificate	**a corrente** 480 chain	**a serra de cadeia** 481 chainsaw
a cadeira 482 chair	**o giz** 483 chalk	**a campeã** 484 champion	**o troco** é dinheiro 485 change
o canal  487 channel	Este livro tem muitos **capítulos**. 488 chapter	**o carácter/o caráter*, a letra** Júlia tem **um carácter** firme. Que significa esta **letra**? *Julia has a strong character.* *What does this character mean?* 489 character	O Lucas **trocou** de roupa. 486 to change
o carvão  490 charcoal	**a acelga** 491 chard	**acusar, carregar** A polícia **acusou** o Zé de roubo. O brinquedo parou porque me esqueci de **carregar** a bateria. *The police charged Zé with robbery.* *The toy has stopped because I forgot to charge the battery.* 492 to charge	**a carruagem** 493 chariot
o gráfico  494 chart	**perseguir** 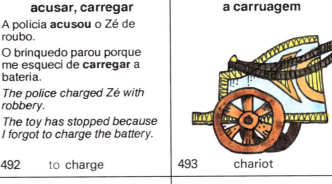 495 to chase	**conversar** 496 to chat	um lápis **barato**, uma coroa cara 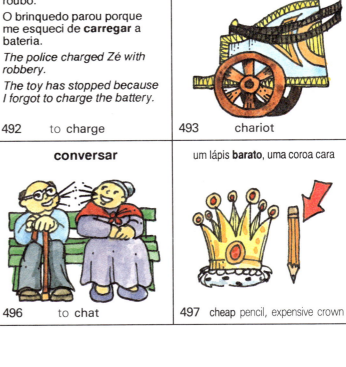 497 cheap pencil, expensive crown

classroom 538-557

a sala de aulas 538 classroom	O caranguejo tem **pinças** fortes. 539 claw	**a argila, o barro** Usa-se a **argila** para fazer tijolos. Com **barro** podemos fazer vasos e pratos também. *Clay is used to make bricks.* *You can also make pots and dishes out of clay.* 540 clay	Ela está bem **limpa**. 541 She is all clean.
A tia Alzira **levanta a mesa**. 542 to clear	**o penhasco** 543 cliff	**subir, escalar** 544 to climb	**a clínica** 545 clinic
aparar com a tesoura 546 to clip	**o relógio** 547 clock	**fechar** 548 to close	**o roupeiro** 549 closet/cupboard*
o tecido, a toalha de mesa Os vestidos são feitos de **tecido**. Aquela **toalha de mesa** é feita à mão. *Clothes are made of cloth.* *That tablecloth is handmade.* 550 cloth	**a roupa** 551 clothes	**a corda de secar roupa** 552 clothes line	**a nuvem** 553 cloud
O **trevo** de 4 folhas dá sorte. 554 clover	**o palhaço** 555 clown	O Thal caça com **uma moca**. 556 club	**a pista, a ideia** A polícia encontrou **uma pista**. A Suely não tem **ideia** de como chegar lá. *The police found a clue to the crime.* *Suely does not have a clue how to get there.* 557 clue

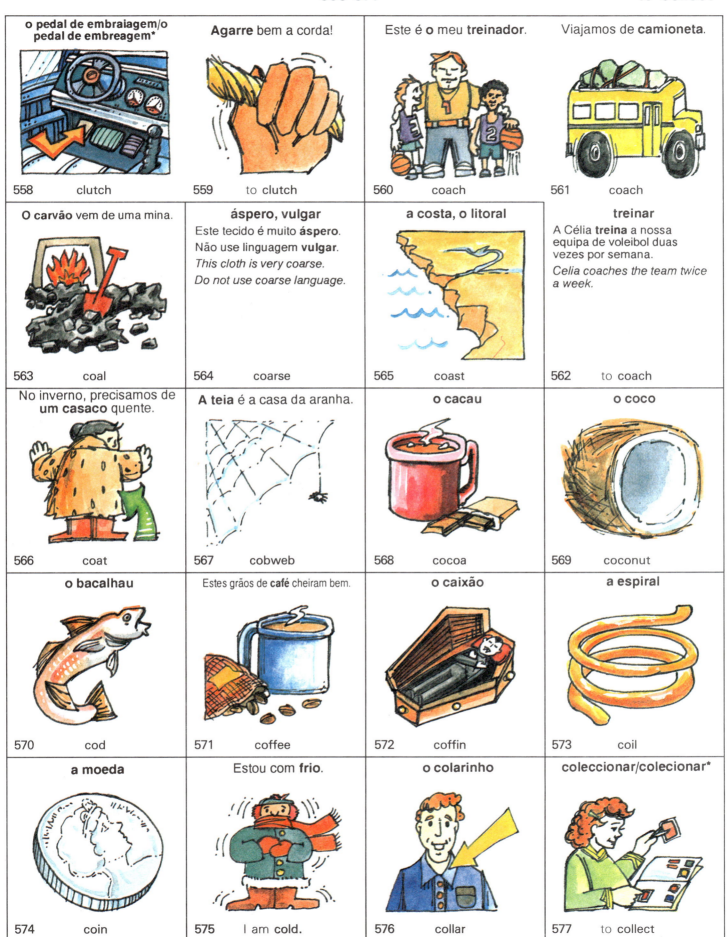

o colégio	Os carros podem **chocar** quando os motoristas dormem.	**uma colisão** grave	Qual é **a tua cor** favorita?
578 college	579 to collide	580 collision	581 color/colours*
uma égua com **o seu potro**	**as colunas** de pedra	**o pente**	**pentear**
582 colt	583 column	584 comb	585 to comb
Misture os ingredientes!	**vir** **Venha** para casa, por favor! A Júlia **veio** à festa de carro. **Vem** aqui frequentemente? *Please come home!* *Julia came to the party by car.* *Do you come here often?*	A maçaneta **saiu do lugar**.	Ele desmaiou mas **recuperou os sentidos** pouco depois.
586 combine	587 to come	588 to come off	589 to come to
confortável	Uma **vírgula** verdadeira é menor do que esta.	**mandar, ordenar**	**a comunidade** Nós vivemos numa **comunidade** pequena. A construção de escola foi um esforço da **comunidade**. *We live in a small community.* *Building the school was a community effort.*
590 comfortable	591 comma	592 to command	593 community
os companheiros inseparáveis	Estou em boa **companhia**.	**comparar**	A minha **bússola** indica o Norte.
594 companion	595 I am in good company.	596 to compare	597 My compass points north.

deaf

737 deaf
O surdo não ouve.

738 dear
querido
O Chico é o meu **querido** amigo.
Querida irmã, a colónia de férias é divertida.
Chuck is my dear friend.
Dear sister, camp is fun!

739 December
Dezembro é o último mês do ano.

740 to decide
decidir
A Júlia não consegue **decidir** o que vai vestir.
Talvez eu tenha que **decidir** por ela.
Julia cannot decide what to wear.
I may have to decide for her.

741 deck
o convés de um navio

742 to decorate
O pirata **enfeita** a árvore de Natal.

743 decoration
a decoração

744 deep end
O Alberto evita o lado **fundo**.

745 deer
Há **veados** nas florestas.

746 to deliver
entregar

747 to dent
O Tomás **amolgou** o meu carro.

748 dentist
o dentista

749 department store
a loja grande

750 desert
o deserto

751 desk
Quem pôs esta **escrivaninha** no deserto?

752 dessert
a sobremesa

753 to destroy
destruir

754 destroyer
O **contratorpedeiro** é um navio de guerra.

755 detective
o detective/o detetive

756 dew
De manhã as folhas estão cobertas de **orvalho**.

examinar 916 to examine	**o exemplo** Ás vezes a Júlia não dá bom **exemplo**. É mais fácil compreender quando se dá **um exemplo**. *Sometimes Julia does not set a good example.* *Things are easier to understand when you give an example.* 917 example	**o ponto de exclamação** 918 exclamation mark	**Desculpe!** 919 Excuse me!
A Clara **faz ginástica** para ter boa saúde. 920 to exercise	**existir** **Existir** é ser. Os dinossauros não **existem** mais. *To exist is to be.* *Dinosaurs no longer exist.* 921 to exist	**sair** 922 to exit/leave*	**dilatar-se** 923 to expand
esperar **Esperamos** que faça o trabalho. Ele **espera** que sejas pontual. *We expect you to do the work.* *He expects you to be punctual.* 924 to expect	**caro** 925 expensive	**uma experiência** 926 experiment	**o perito** 927 expert
explicar 928 to explain	**explorar** 929 to explore	**a explosão** 930 explosion	**o extintor** de incêndio 931 extinguisher
o olho 932 eye	**a sobrancelha** 933 eyebrow	**os óculos** 934 eyeglasses/spectacles*	**os cílios, as pestanas** 935 eyelash

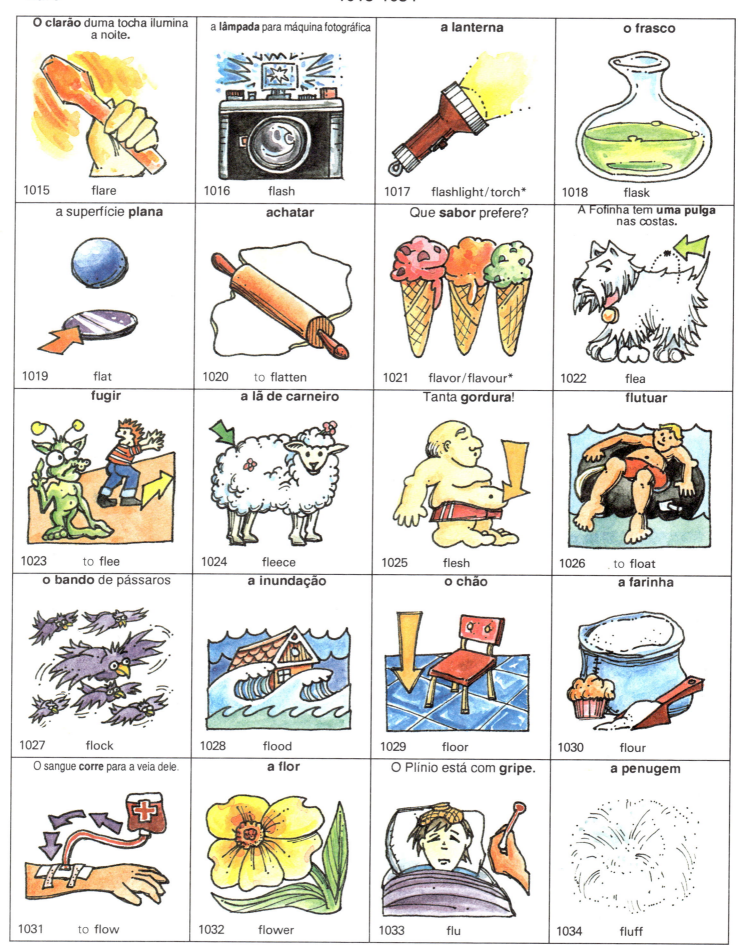

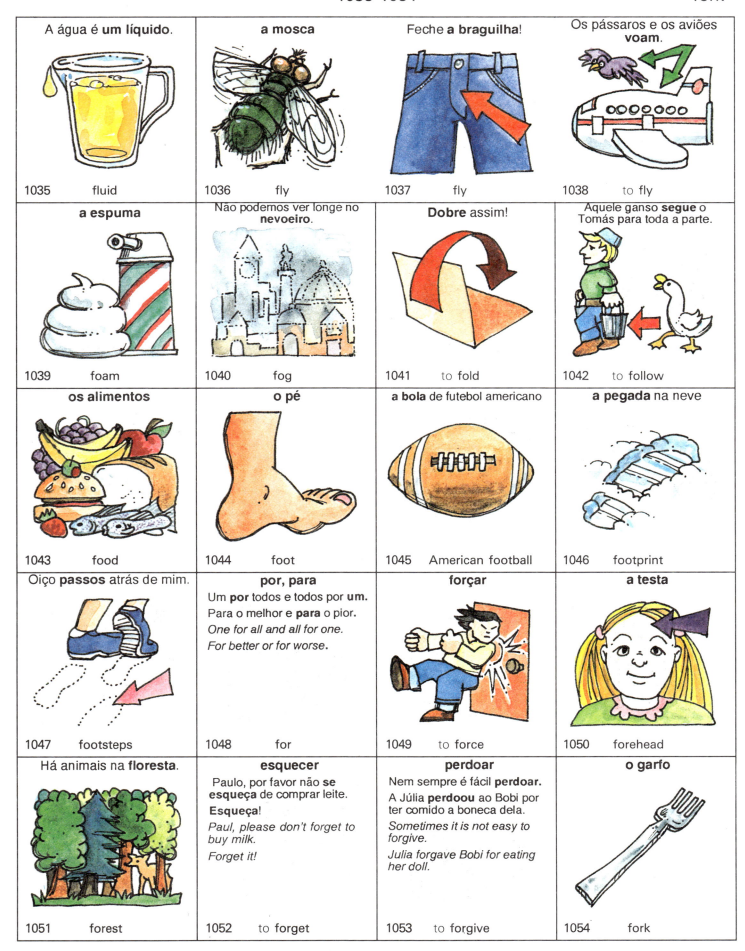

handcuffs 1253-1272

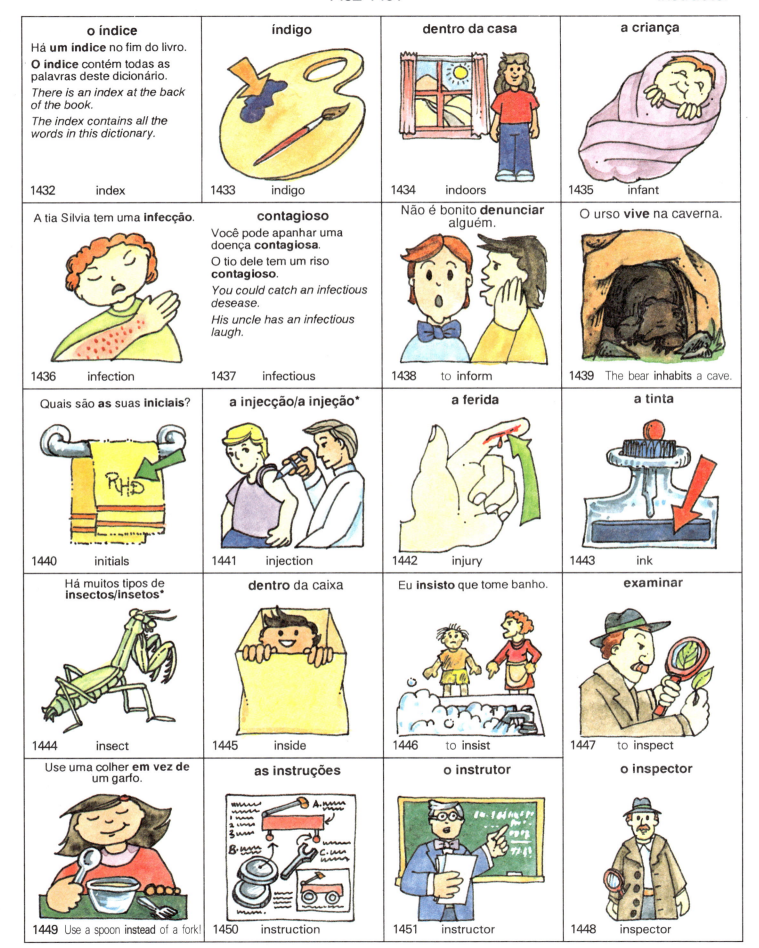

insulation 1452-1471

a isolação, o isolante
Há **isolação** nas paredes da casa.
Há **isolante** em volta dos fios eléctricos para que não se apanhe um choque.
There is insulation in the walls of the house.
There is insulation around the wires, so people will not get a shock.

1452 insulation

o cruzamento

1453 intersection/crossroads*

a entrevista

1454 interview

O Daniel entra **no** quarto.

1455 **into** the room

A Mara **apresenta** a Joana ao Rui.

1456 to introduce

Os vikings **invadiram** outros países.

1457 to invade

Alguns ficaram **inválidos**.

1458 invalid

Será que ele **inventou** mesmo as árvores?

1459 to invent

o homem **invisível**

1460 invisible

Você está **convidado** para a nossa festa.

1461 invitation

Ele **convida** a amiga para jantar.

1462 He is **inviting** her.

a íris

1463 iris

passar a ferro

1464 to iron

o ferro de passar roupa

1465 iron

a máscara de **ferro**

1466 iron mask

a ilha

1467 island

a comichão, a coceira
A Júlia apanhou **uma** grande **comichão** quando tocou na hera tóxica.
Se ela não coçar, **a coceira** vai desaparecer.
Julia got a bad itch from poison ivy.
The itch will go away, if she does not scratch.

1468 itch

coçar

1469 to itch

Estou com **comichão**.

1470 My skin is **itchy**.

A hera trepa nas paredes.

1471 ivy

landlord 1569-1588

o senhorio
O senhor Couto é o **senhorio** do apartamento onde moramos.
Mr. Couto is the landlord of the apartment we live in.
1569 landlord

As auto-estradas têm várias **pistas**. 
1570 lane

a língua
Quantas **línguas** fala?
O português é a **língua** materna da Júlia.
How many languages can you speak?
Portuguese is Julia's first language.
1571 language

a lanterna 
1572 lantern

O colo dela é confortável. 
1573 lap

O **lariço** é uma árvore conífera. 
1574 larch

O **toucinho** 
1575 lard

grande, largo 
1576 large

a cotovia 
1577 lark

os cílios 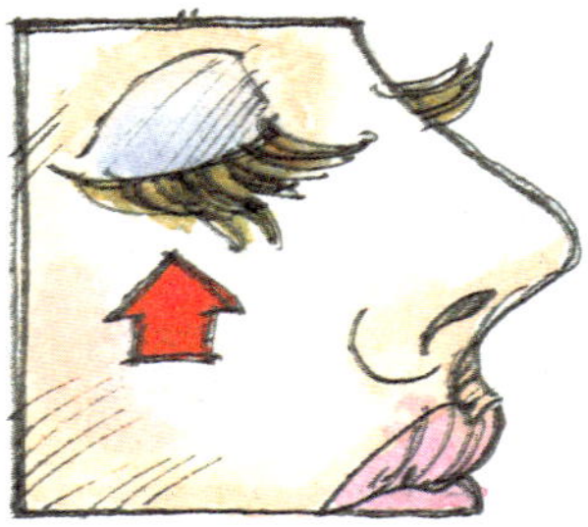
1578 lash

o **último** pedaço 
1579 the last piece

Há coisas que **duram** muito. 
1580 Some things do last.

Tranque a porta, por favor. 
1581 to latch

Quando **chega atrasado**, perturba as pessoas. 
1582 You are late.

a espuma de sabão 
1583 lather

rir 
1584 to laugh

A lancha 
1585 launch

lançar um foguete 
1586 to launch

a plataforma de lançamento 
1587 launchpad

a roupa suja 
1588 laundry/washing*

lime 1649-1668

a lima 1649 lime	**o limite** Há um **limite** de três bombons para cada criança. O **limite** de velocidade é de 50 quilómetros por hora. *There is a limit of three candies for each kid.* *The speed limit is 50 kilometers per hour.* 1650 limit	O nosso vizinho **coxeia**. 1651 to limp	Pode traçar **uma linha** bem recta? 1652 line
a roupa de cama e de mesa 1653 linen	**o transatlântico** 1654 liner	O meu casaco tem **um forro** quente. 1655 lining	**ligar, unir** 1656 to link
a fibra de algodão 1657 lint	**o leão** 1658 lion	**os lábios** 1659 lips	**o batom** 1660 lipstick
A água e o leite são **líquidos**. 1661 liquid	**a lista** de coisas para fazer 1662 list	Eles **escutam**. 1663 They are listening.	**o litro** 1664 liter/litre*
Nunca **espalhe lixo**. 1665 to litter	uma maçã **pequena** 1666 a little apple	**viver** A Júlia **vive** na cidade. A tia Stella **viveu** setenta anos. Seria difícil **viver** na lua. *Julia lives in the city.* *Aunt Stella lived seventy years.* *It would be difficult to live on the moon.* 1667 to live	**animado, alegre** 1668 lively

1927-1945

oriole 1966-1985

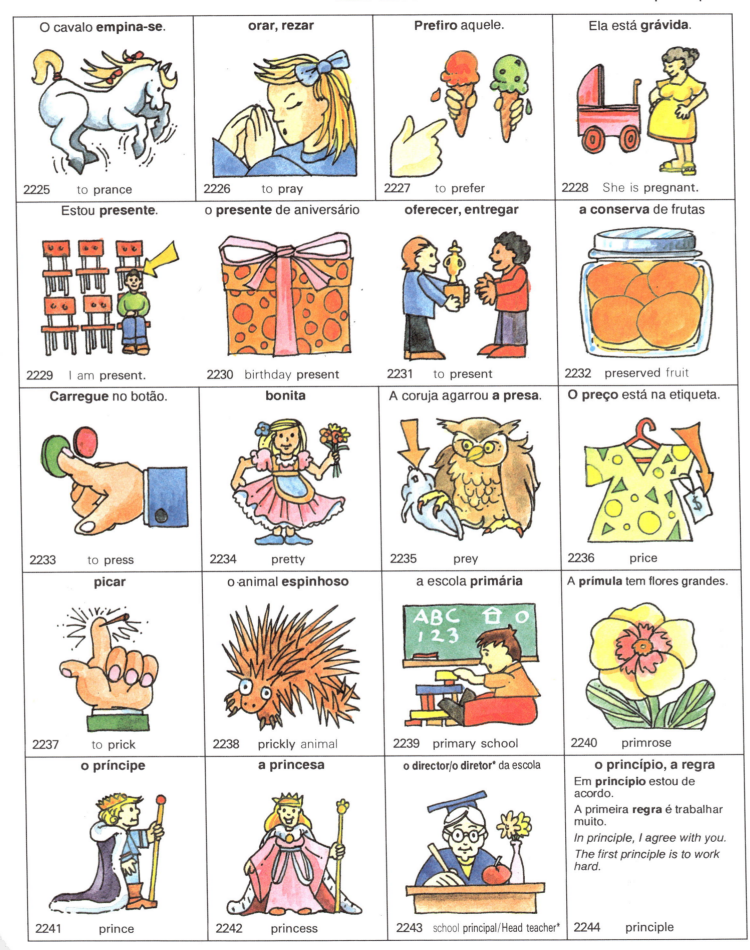

to print 2245-2264

imprimir	Pode ver-se a luz através de **um prisma**.	O Zé foi para **a prisão** pelos seus crimes.	**o prisioneiro**
2245 to print	2246 prism	2247 prison	2248 prisoner
particular, privado O Tomás tem aulas **particulares**. Isto é propriedade **privada**. *Tomas has private lessons.* *This is a private property.*	Este ano a Júlia ganhou **o** primeiro **prémio** em natação.	**o problema**	**os produtos** da horta
2249 private	2250 prize	2251 problem	2252 produce
Há poucos **programas** bons na televisão.	**proibido**	**o projecto/o projeto*** A Rita trabalha num **projecto/projeto.*** A Júlia não fez bem o **projecto/projeto**. *Rita is working on a project.* *Julia did not do well on her project.*	Esta fábrica **produz** carros.
2254 program/programme*	2255 prohibited	2256 project	2253 This factory produces cars.
Prometo.	O forcado tem quatro **dentes**.	**Pronuncie** as palavras com cuidado.	**a prova** que o gato comeu o passarinho
2257 I promise.	2258 prong	2259 to pronounce	2260 proof of guilt
escorar, estacar	**a hélice**	**devidamente** vestido	**a propriedade** Quando a Júlia diz: "Isto é meu" ela quer dizer: "Isto é **a** minha **propriedade**". A família dela tem **propriedades** no interior. *When Julia says: "This is mine" she means: "This is my property".* *Her family owns property in the country.*
2261 to prop	2262 propeller	2263 properly dressed	2264 property

2265-2284   to **punch**

Sou um gato **orgulhoso**.	Senhor juiz, posso **provar** o caso.	**o provérbio** Eis **um provérbio** : "O pior cego é aquele que não quer ver". *Here is a proverb:* *The worst blindness is not wanting to see.*
2266 I am a **proud** cat.	2267 to **prove**	2268 **proverb**
a ameixa seca	**podar**	o telefone **público**
2270 **prune**	2271 to **prune**	2272 **public** telephone/phone box*
a poça de água	**dar baforadas**	**o papagaio-do-mar**
2274 **puddle**	2275 to **puff**	2276 **puffin**
a roldana	**o pulover**	O médico sente **o pulso** de Júlia.
2278 **pulley**	2279 **pullover**/sweater*	2280 **pulse**

punctual 2285-2304

#	Portuguese	English
2285	Você é **pontual**.	You are punctual.
2286	O Tomás será castigado porque **furou** o pneu.	to puncture
2287	**castigar**	to punish
2288	**o castigo**	punishment
2289	**uma marioneta** como Pinóquio	puppet
2290	**o cachorrinho**	puppy
2291	a água **pura**	pure water
2292	**roxo**	purple
2293	O gato contente **ronrona**.	to purr
2294	**a carteira / a bolsa***	purse/handbag*
2295	**perseguir**	to pursue
2296	**empurrar**	to push
2297	**Ponha** aqui, por favor.	to put
2298	**guardar**	to put away
2299	**adiar**	to put off
2300	**A massa** de vidraceiro segura o vidro da janela.	putty

2363 rear — **o traseiro**	2364 rearview mirror — **o espelho retrovisor**	2365 to reason — **argumentar**	2366 reasonable — **razoável** — Aquele é um preço **razoável**. Júlia, seja **razoável**, por favor. / That is a reasonable price. Julia, please be reasonable.
2367 to rebel — **rebelar-se, revoltar-se** — Nem sempre as pessoas **se rebelam** contra impostos elevados. Sabia que Spartacus **se revoltou** contra Roma? / People do not always rebel against high taxes. Did you know that Spartacus rebelled against Rome?	2368 I do not recall. — Não me **lembro**.	2369 to receive — **receber**	2370 recently hatched — **récem**-saído do ovo
2371 recipe — **a receita**	2372 to recite — Pode **recitar** uma poesia?	2373 record — **o disco**	2374 record player — **o gira-discos/o toca-discos***
2375 to recover — **recuperar** — A Júlia tem sarampo mas vai **recuperar** rapidamente. **Recuperei** todos os livros que foram deixados lá fora. / Julia has measles but she will recover quickly. I recovered all the books that were left outside.	2376 rectangle — **o rectângulo/o retângulo**	2377 red — **vermelho**	2378 reed — **o junco**
2379 reef — **o recife** de corais	2380 to reek — Alguma coisa **cheira mal**.	2381 reel — **o carretel** da linha de pescar	2382 referee — **o árbitro**

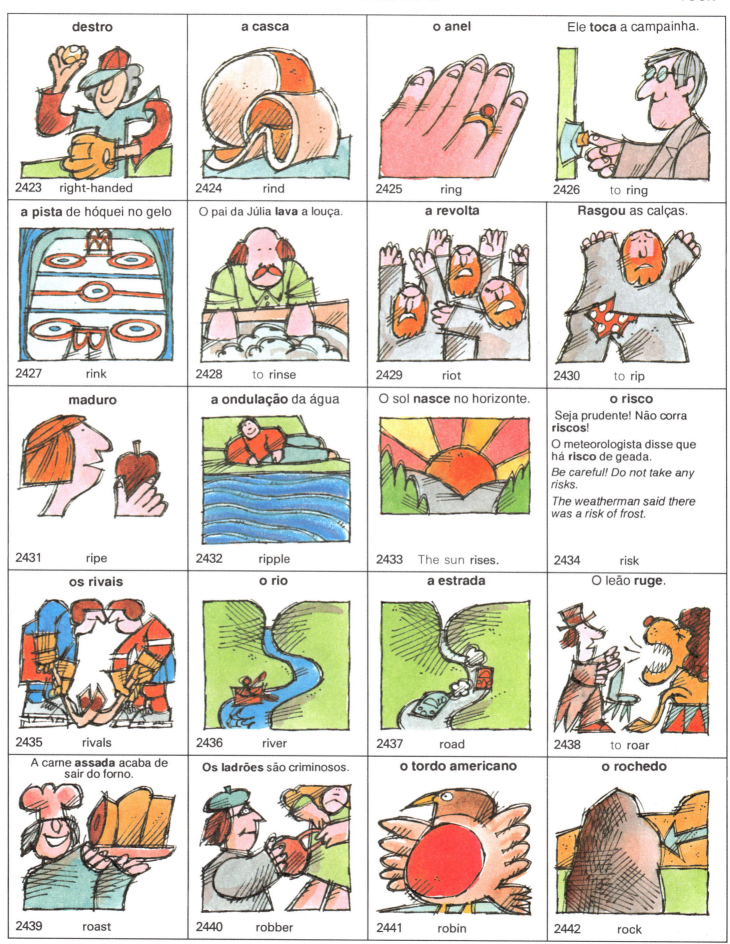

muitas **sardinhas** numa lata	**o satélite**	o vestido de **cetim**	**o sábado** A Júlia pode brincar no **sábado**, porque não vai à escola. *Julia can play on Saturday because she does not go to school.*
2502 sardine	2503 satellite	2504 satin dress	2505 Saturday
o molho	**a salsicha**	**Poupo** o meu dinheiro.	**a serra**
2506 sauce/gravy*	2507 sausage	2508 I save my money.	2509 saw
a serradura	Eu **digo** o que penso.	**o andaime**	**serrar**
2511 sawdust	2512 I say what I think.	2513 scaffolding	2510 to saw
Cuidado! Não **escalde** a mão.	**a balança**	As **vieiras** são gostosas.	**o couro cabeludo**
2514 to scald	2515 scale	2516 scallop	2517 scalp
o homem com **a cicatriz**	Ela gosta de **assustá**-lo.	Os **espantalhos** assustam os pássaros.	**o cachecol**
2518 scar	2519 to scare	2520 scarecrow	2521 scarf

o parapeito da janela 2642 sill	**parvo** O Mário pensa que a Júlia é **parva**. A Júlia pensa que o Mário faz parvoíces. *Mario thinks that Julia is silly.* *Julia thinks that Mario does silly things.* 2643 silly	**a prata** 2644 silver	**simples** Isso é a verdade pura e **simples**. Existe uma solução **simples**. *That is the truth, pure and simple.* *There is a simple solution.* 2645 simple
cantar 2646 to sing	**singular** "Um" é **singular**, "vários" é plural. *"One" is singular.* *"Several" is plural.* 2647 singular	**o lava-loiça/a pia*** 2648 sink	**afundar-se** 2649 to sink
A Mara **bebe** o vinho aos golinhos. 2650 to sip	**a sirene** 2651 siren	**a irmã** 2652 sister	**sentar-se** 2653 to sit
seis 2654 six	**a sexta** 2655 sixth	Este é o meu **tamanho**! 2656 size	**patinar** 2657 to skate
a tábua de patins 2658 skateboard	**o esqueleto** 2659 skeleton	**fazer um esboço** 2660 to sketch	**os esquis** 2661 skis

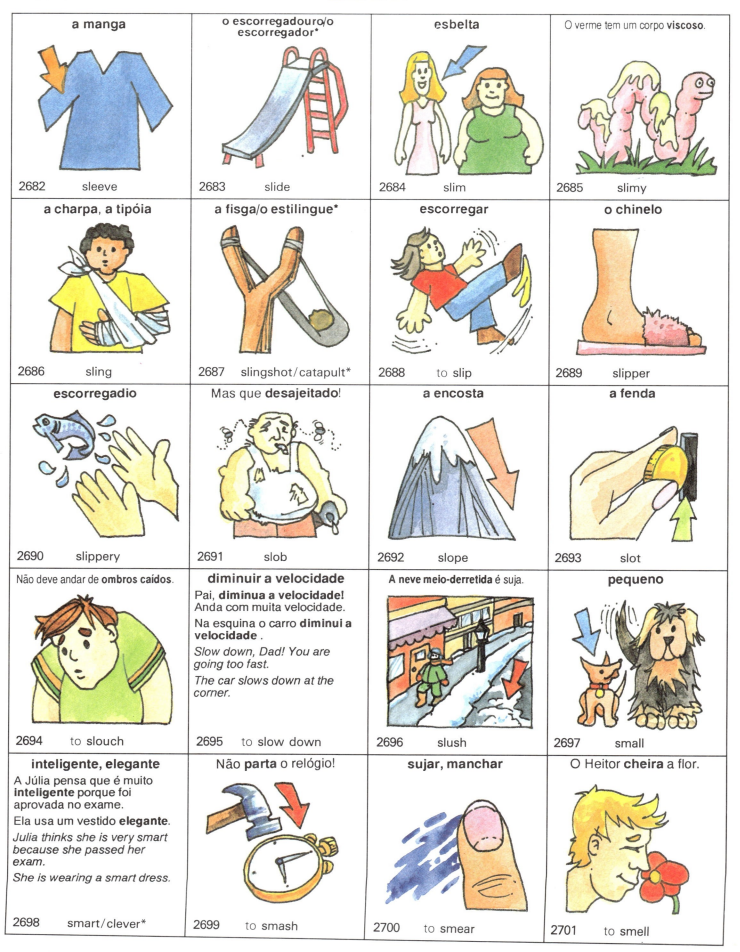

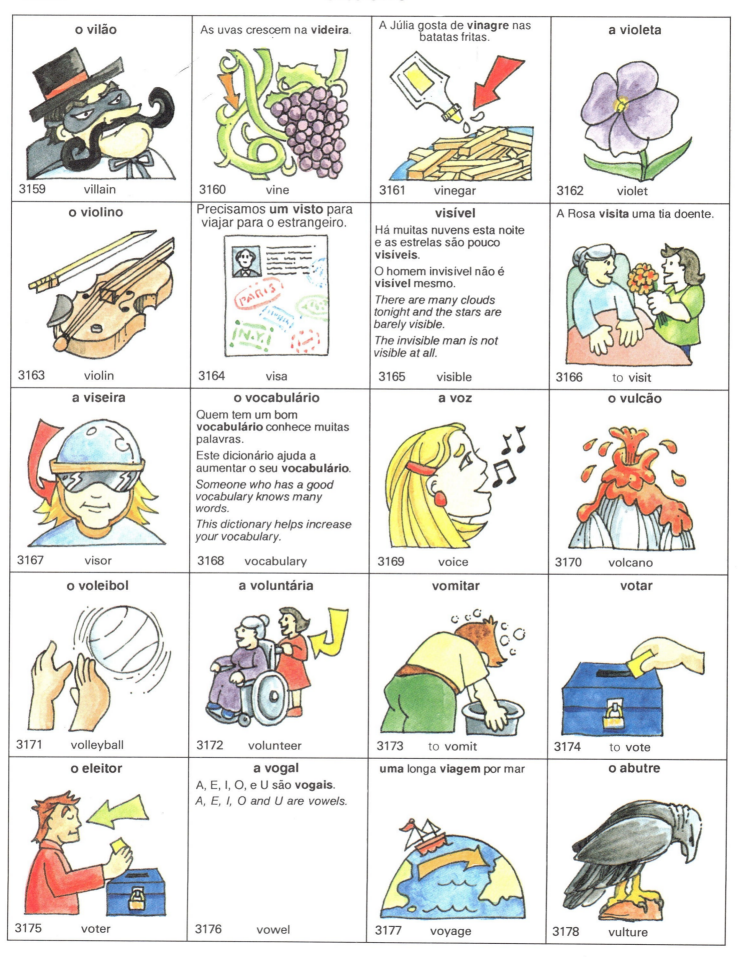

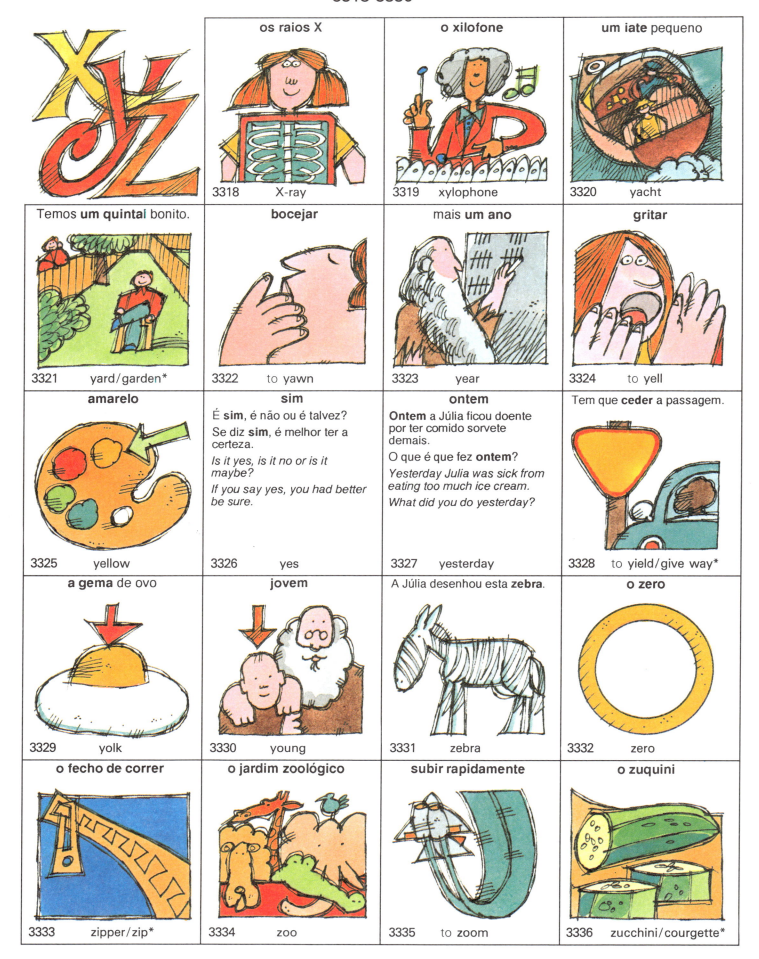

a

abacate (o) 133
abacaxi (o) 2126
ábaco (o) 1
abandonar 839
abelha (a) 216
aberto 1952
abeto vermelho (o) 2777
abóbada (a) 91
abóbora (a) 2283, 2779
aborrecer 311
abraçar 890
abridor de latas (o) 418
abridor (o) 317
abrigo (o) 2596
Abril 88
abrir 1953, 3133
abutre (o) 3178
acabar 995, 3138
açafrão (o) 673
açaimo (o) 1867
acampamento (o) 416
acampar 415
acariciar 2093
acelerador (o) 5
acelerar 2747
acelga (a) 491
acenar 3218
acender 1638, 2897, 3102
acento (o) 6
achatar 1020
acidentado 2470
acidente (o) 7
ácido (o) 12
aço (o) 2807
acolchoado (o) 2319
aconchegar-se 1395
acontecer 1265
acordar 134, 3185
acordeão (o) 8
acreditar 228
acrobata (a) 14
actuação (a) 2085
açúcar (o) 2864
acumular 1341
acusar 9, 492
adeus 1168
adiar 2299
adicionar 16
adivinhar 1223
admirar-se 3292
adorar 19
adormecida 111
adulto (o) 20, 1221

aerobarco (o) 1390
aeroporto (o) 40
afia-lápis (o) 2587
afiador 2584, 2585, 2586, 2587
África (a) 25
afundar-se 2649
agarrar 559, 1207, 2560, 2906
agarrar-se 1260
ágil 31
agitar 2822
agosto 126
agradável 2158
agradecer 2964
agrião (o) 3212
agricultor (o) 958
água de lavar a loiça (a) 786
água (a) 3210
aguçado 2179, 2584
águia (a) 858
agulha (a) 1890
aipo (o) 469
ajoelhar-se 1541
ajudar 1308
álamo (o) 2197
alavanca (a) 1626
álbum (o) 43
alça (a) 2842
alcachofra (a) 104
alcançar 2357
alcatrão (o) 2135, 2933
alce (o) 887
alce (o) americano 1833
aldeia (a) 3158
alecrim (o) 2457
alegre 1668, 1775
além de 239
alfabeto (o) 54
alface (a) 1624
alfaiate (o) 2909
alfazema (a) 1590
alga (a) 2553
algema (a) 1253
algodão (o) 636
alho poro 1608
alho (o) 1107
alicate (o) 2161
alicerce (o) 1061
alimentar 972, 2824
alimento (o) 1043
aliviar 1640
aljava (a) 2321
almirante (o) 18
almoçar 870
almoço (o) 1706
almofada (a) 707

almofado (o) 2119
alpargata (a) 2709
alto 1328, 1692, 2921
alto-falante (o) 1693
alugar 2398
aluminio (o) 58
alvo (o) 2934
amanhã 3018
amar 1696
amarelinha (a) 1371
amarelo 3325
amargo 258
amarrar 122, 250, 2997
amável 1529
ambos 315
ambulância (a) 60
amêijoa (a) 535
ameixa (a) 2166
ameixa seca (a) 2270
amêndoa (a) 49
amendoim (o) 2060
amiga (a) 1073
amígdala (a) 3022
amolgar 747
amor (o) 1695
amor-perfeito (o) 2012
amora (a) 260
amplo 3266
ampulheta (a) 1388
anão (o) 856, 1790
anca (a) 1336
ancinho (o) 2342
âncora (a) 62
andaime (o) 2513
andar 3186
andar nas ponta dos pés 3006
andar a trote 3078
anel (o) 2425
ângulo (o) 64
animado 1668
animal (o) 66
anjo-do-mar (o) 1826
ano (o) 3323
Antárctida (a) 72
Antártida (a) 72
antes 222
antigo 63
antílope (o) 73
anunciar 68
anzol (o) 1007, 1366
ao lado de 238
ao mar 1975
ao ar livre 1971
apagar 680, 3101
apagar a luz 1938
apanhar 1115, 1127
apanhar a 460

apanhar com a pá 2529
aparador (o) 1409
aparar 546, 3074
aparecer 837, 2625
apelido (o) 1909
apertar 960, 1207, 1478, 1553, 2999, 2781
apitar 3260
apito (o) 3259
aplaudir 83, 537
apontar 2177
apreciar 898
aprender 1602
apresentar 1456
apressar-se 1405
aproximar-se 86
aquário (o) 90
aquecedor (o) 1296, 2329
aquecer 1295
aquecer-se 3198
ar (o) 36
arado (o) 2162
arame farpado (o) 169
aranha (a) 2752
árbitro (o) 2382
arbusto (o) 391, 2630
arco (o) 91, 322
arco-íris (o) 2338
Árctico (o) 93
Arctico (o) 93
arde 2819
areia (a) 2498
areia movediça (a) 2315
arenque (o) 1320
arenque defumado (o) 1533
arfar 2013
argila (a) 540
argola (a) 1367
argumentar 94, 2365
arma (a) 3222
armadilha (a) 3059
armadura (a) 97
armazém (o) 3196
arquitecto (o) 92
arquiteto (o) 92
arrancar 2948
arranha-céu (o) 2671
arranha-céus (a) 1329
arranhadura (a) 2537
arranhão (o) 2537
arranhar 2535
arranjar 100
arranjar-se 1213
arrastar 812, 1279
arrebatar 2898

arreio (o) 1272
arremessar 1403
arrependido 2731
arrombar 339
arroz (o) 2416
articulação (a) 1494, 1548
artista (a,o) 105
árvore (a) 3065
ás (o) 10
asa (a) 3281
Ásia (a) 109
áspero 564, 2460
aspirina (a) 113
assado (o) 2439
assaltante (o) 385
assar 149
asseado 1882
assembleia legislativa (a) 2027
assento (o) 2551
assinalar 1737
assinatura (a) 2640
assustado 24
assustar 1074, 2519
astronauta (o,a) 115, 633
astrônomo (o) 116
atacador 2610
atacar 2675
atalho (o) 2046
ataque (o) 2334
atar 250
atenção (a) 123
aterrar 1567
atirar 2986
atirar-se a 2216
atlas (o) 119
atleta (o,a) 118
atmosfera (a) 120
átomo (o) 121
atrás de 26, 226
através de 15
atravessar 679
atropelar 2477
atuação (a) 2085
ausente 4
Austrália (a) 128
autêntico 1122
auto-estrada (a) 1331
autocarro (o) 389
automático 130
autor (o) 129
avalanche (a) 132
avançar 21
avarento (o) 1806
avariou 338
avelã (a) 1286
aveleira (a) 1285
avental (o) 89

aventura (a) 23
avestruz (o) 1968
avião (o) 39
avião-modelo (o) 1817
avisar 3199
avó (a) 1182
avô (o) 1181
axila (a) 98
azeda (a) 2730
azedo 2734
azeitona (a) 1945
azevinho (o) 1353
azul 291
azulejo (o) 3000

b

babar-se 834
babete (o) babadouro (o) 243
bacalhau (o) 570
bagagem (a) 1701
baía (a) 196
bailado (o) 157
bailarina (a) 156
bainha (a) 1310, 2591
baixar 1699
baixar-se 2828
baixo 2580, 2617
bala (a) 377, 423
balança (a) 2515
balançar 2443, 2895, 3001
balancé (o) 2557
balão (o) 158
balão de ar quente (o) 159
balcão (o) 641
balde (o) 368, 1994
balé (o) 157
baleia (a) 3243
baliza (a) 1161
baloiço (o) 2894
banana (a) 160
banco (o) 166, 234, 2827
banda musical (a) 162
bandeira (a) 1011
bandeirola (a) 2846
bandeja (a) 3062
bando (o) 1027
bandolim (o) 1725
banheira (a) 194, 3092
banheiro (o) 193, 3205
banho (o) 192
banho de chuveiro (o) 2626

banquete (o) 969
bar (o) 168
barato 497
barba (a) 206
barbatana (a) 990
barbear 2589
barbeiro (o) 170
barcaça (a) 173
barco (o) 298
barco de transporte (o) 978
barco salva-vidas (o) 1635
barco á vela (o) 2490
barra (a) 167, 520
barragem (a) 723
barranco (o) 2353
barreira (a) 182
barril (o) 179
barro (o) 540
barulho (o) 1920, 2328
base (a) 183, 184
basquetebol (o) 189
basta 900
bastão (o) 190
batata (a) 2213
batedeira (a) 1813
batedor (o) 3256
bater 1339, 1545, 2343, 2672, 2740, 2852
bater as asas 1014
bater palmas 83
bateria (a) 195
batom (o) 1660
baú (o) 453, 3086
bazar (o) 198
bébé (o) 140
beber 829, 2650
bebida (a) 828
bege 227
beija-flor (o) 1398
beijar 1534
beijo (o) 1535
beira de (à) 874
beisebol (o) 185
beliscar 2124
bem 992, 3239
bem arranjado 2995
bengala (a) 424
benquisto 2199
berço (o) 656, 669
beringela (a) 877
berlinde (o) 1732
berrar 2627
besouro (o) 221
beterraba (a) 220
bezerro (o) 408
biblioteca 1628

bicicleta (a) 244, 246, 714
bico (o) 202, 2768, 2804
bigode (o) 1847, 3257
bilhar (o) 249
bilhete (o) 2993
binóculo (o) 251
biscoito (o) 255, 621
biscoito de gengibre (o) 1141
bloco (o) 1988
bloquear 282
blusa (a) 288
blusão (o) 3276
boa viagem 956
bobina (a) 2765
boca (a) 1848
bocejar 3322
bochecha (a) 500
boi (o) 1983
bóia (a) 384
boina (a) 237
bola (a) 155
bola de futebol americano (a) 1045
bolacha (a) 655
bolha (a) 278
bolinha de gude (a) 1732
bolinho de fruta (o) 2936
bolo (o) 405
bolo de pastelaria 2043
bolsa (a) 2215, 2294
bolsa de estudos (a) 2525
bolso (o) 2173
bom 1167
bomba (a) 2281
bomba de gasolina (a) 1112
bombeiro (o) 1001
bombinha (a) 1000
boné (o) 430
boneca (a) 800
bonita 2234
bonitinha 712
bonito 1257
borboleta (a) 396
borbulha (a) 2122
borda do passeio 698
bordado (o) 891
borracha (a) 2465
bosque (o) 3296
bota (a) 308
botão (o) 370, 397
braço (o) 95
braguilha (a) 1037

branco 3261
brigão (o) 379
brigar 2308
brilham 2743
brilhante 350, 2603
brilhar 2600
brincar 2154
brinquedo (o) 3042
brita (a) 1192
broca (a) 827
broche (a) 355
brócolo (o) 354
bronzeado (o) 2924
bruxa (a) 3288
búfalo (o) 371
bule (o) 2945
bumerangue (o) 307
buraco (o) 310, 1350
burro (o) 803
bússola (a) 597
buzina (a) 1374
buzinar 1361

C

cá 1316
cabana (a) 400, 1408, 2576
cabeça (a) 1287
cabeleireiro (o) 1239
cabelo (o) 1237
cabide (o) 1263, 2327
cabo (o) 402, 431
cabo de ignição (o) 1505
cabra (a) 1162
cabrito (o) 1520
cábula 498
caçar 1402
cacau (o) 568
cachecol (o) 2521
cachimbo (o) 2128
cachorrinho 2290
cachorro (o) 799
cacto (o) 403
cada 857
cadáver (o) 631
cadeado (o) 1992
cadeira (a) 482
cadeira de balanço (a) 2445
cadeira de rodas (a) 3249
café (o) 571
café de manhã (o) 340
cair 946, 3030
cair de 948
cair no chão 947

cais (o) 797, 2112, 2311, 3244
caixa (a) 325, 660
caixa de papelão (a) 451
caixão (o) 572
calado 2641
calça (a) 2015, 2618, 3080
calçada (a) 2051, 2636
calcanhar (o) 1302
calças de ganga (as) 1482
calço (o) 3229
caldeirão (o) 463
caleidoscópio 1511
calendário (o) 407
calmo 412
cama (a) 213
camada (a) 1595
camarão (o) 2628
camelo (o) 413
camião (o) 3083
camião basculante (o) 852
camião de transporte (o) 3058
camioneta (a) 561
camisa (a) 2606
camisola (a) 2889
campeã (a) 484
campo (o) 642, 646, 982
camundongo (o) 1846
cana de pesca (a) 2446
canal (o) 419, 487
canalizador 2167
canário (o) 420
canção (a) 2726
canção de adormecer (a) 1703
cancelar 410
canela (a) 2599
caneta (a) 2074
canguru (o) 1512
canhão (o) 425
canhoto 1610
canil (o) 1514
canivete (o) 2078
cano (o) 180
canoa (a) 427
cansado 3008
cantar 2646
canto (o) 630
cão (o) 799
capa (a) 432, 1474
capa de chuva (a) 2339

capacete (o) 1307
capitão (o) 434, 2666
capítulo (o) 488
capota (a) 1364
capturar 435
capuz (o) 1363
caracol (o) 2706
caranguejo (o) 653
caráter (o) caractere (o) 489
caravana (a) 437
cárcere (o) 1476
cardápio (o) 1772
cardo (o) 2978
careca 154
carga (a) 442
carnaval (o) 444
carne (a) 1762
caro 925
caroço (o) 85
carpinteiro (o) 445
carregador (o) 2205
carregar 449, 492, 1671, 1672, 2233
carretel (o) 2381
carriça (a) 3311
carril (o) 2336, 3044
carrinho de bébé (o) 141, 447
carrinho de mão (o) 3248
carro (o) 426, 436
carro de bombeiros (o) 998
carroça (a) 450, 3181
carruagem (a) 493
carta (a) 438, 1623, 2156
cartão postal (o) 2210
cartaz (o) 2211, 2638
carteira (a) 2294, 3188
carteiro (o) 1718
carvalho (o) 1927
carvão (o) 490, 563
casa (a) 1389
casa de banho (a) 193, 3205
casa de campo (o) 635
casaco (o) 566, 1473
casaco quente (o) 2026
casal (o) 644
casamento (o) 3228
casar-se 1740
casca da árvore (a) 175

casca 2424
casco (o) 1365
casco do navio (o) 1397
casquinha (a) 608
castanha (a) 505
castanha de cajú (a) 455
castanho (o) 360
castelo (o) 456
castiçal (o) 422
castigar 2287
castigo (o) 2288
castor (o) 210
catálogo (o) 458
catarata (a) 3213
cauda (a) 2908
caule 2811
cavalaria (a) 465
cavalete (o) 865
cavalgar 1844
cavalheiro (o) 1121
cavalo (o) 1378
cavalo-marinho (o) 2543
cave (a) 186, 471
caverna (a) 466
caxumba (a) 1857
cebola (a) 1950
cebolinho (o) 519
ceder 3328
cedo 860
cego (o) 276
cegonha (a) 2833
ceifar 1275
celeiro (o) 177
célula (a) 470
cem 1400
cenoura (a) 448
centeio (o) 2482
centelha (a) 2742
centímetro (o) 474
centopeia (a) 475
centro (o) 473
cera (a) 3220
cerâmica 2214
cerca (a) 975
cerca de 99
cercar 2882
cereal (o) 477
cérebro (o) 331
cereja (a) 503
certidão (o) 479
certificado (o) 479
certo 478, 2422
cerveja (a) 219
cesta (a) 188
cetim (o) 2504
céu (o) 1298, 2669
cevada (a) 176

chalé (o) 1680
chaleira (a) 1516
chama (a) 1013
chamar 409
chaminé (a) 513, 1002
champô (o) 2581
chamuscado 2531
chão (o) 1029
chapéu (o) 1276
chapinhar 2761
charpa (a) 2686
charuto (o) 530
chata (a) 173
chave (a) 1517
chave de fenda (a) 2540
chave de ignição (a) 1424
chávena de chá (a) 696, 2941
chefe (o) 314, 510, 1598
chegar 102
chego atrasado 1582
cheio 1084
cheirar 2701
cheirar mal 2380, 2821
cheiro (o) 1937
cheque (o) 502
cherivia (a) 2030
chiclete (o) 1232
chicote (o) 3254
chifre (o) 1376
chifres (os) 74
chimpanzé (o) 514
chinelo (o) 2689
chiqueiro (o) 2115
chocalho (o) 22349
chocar 579
choque (o) 2608
choramingar 3253
chorar 689, 3234
chover a cântaros 2337
chupa-chupa (o) 1683
chupar 2862
chutar 1518
chuvisco (o) 833
cicatriz (a) 2518
cidade (a) 534, 3041
cigano (o) 1142
cigarro (o) 531
cilindro (o) 715
cílio (o) 935, 1578
cimento (o) 472, 604
cinco 1009
cinema (o) 1851
cintilar 3115

cinto (o) 233
cinto de segurança (o) 2552
cintura (a) 3183
cinza (a) 107
cinzeiro (o) 108
cinzel (o) 518
cinzento 1202
cipreste (o) 717
circo (o) 533
círculo (o) 532
cirurgião (o) 2878
ciscar 2067
cisne (o) 2885
clarão (o) 1015
classe (a) 1177
cliente (o) 708
clínica (a) 545
coala (o) 1549
coar 2838
cobaia (a) 1227
cobertor (o) 268
cobertura acolchoada (a) 2318
cobra cascável (a) 2350
cobre (o) 623
cobrir 648
coçado 2575
coçar 1469
coceira (a) 1468
coco (o) 569
codorniz (a) 2305
coelho (o) 2324
cofre (o) 2487
cogumelo (o) 1861
coisa (a) 2974
cola (a) 1156
colar (o) 1885, 2041, 2111
colar com fita adesiva 2931
colarinho (o) 576
colcha (a) 2318
colchão (o) 1751
colchão pneumático (o) 37
coleccionar 577
colecionar 577
colégio (o) 578
colete (o) 3152
colheita (a) 677
colher (o) 2766
colher de pedreiro (a) 3082
colhido 1070
colidir 659
colina (a) 1333
colisão (a) 580

colmeia (a) 80, 218, 1340
colo (o) 1573
colocar 1594
coluna (a) 583, 2118
coluna vertebral (a) 2757
com antecedência 33
com sede 2977
com sono 840
comboio (o) 3051
combustível (o) 1083
começar 224
comer 868
comer entre as refeições 2705
comichão 1468, 1470
comigo 52
como 106, 1391
cómoda (a) 401, 823
companheiro (o) 594
companhia (a) 595
comparar 596
competir 2326
completar 987
compor 598
comportar-se 225
composição (a) 600
compositor (o) 599
compota (a) 1477
comprar 398
compreender 2361, 3125
comprido 1685
comprimido (o) 2117, 2904
computador (o) 601
comunidade (a) 593
concentrar-se 602
concerto (o) 603
concha (a) 1555, 2595
conduzar 831
conduzir 1225, 2810
cone (o) 607
cone de bolacha (o) 608
confiante 610
confiar 943, 3089
confortável 590
confuso 611
consertar 1010, 2399
conserva (a) 2232
conservar 2106
consoante 614
constelação (a) 616
construir 374
conta (a) 201
contador (o) 640, 1781

contagioso 1437
contar 639, 2954
contento 1149
continente (o) 617
conto (o) 2918
contra 29
contratorpedeiro (o) 754
conversação (a) 618
conversar 496
convés (o) 741
convidada (a) 1224
convidado 1461
convidar 1462
copiar 624
copo (o) 1151
cor (a) 581
cor-de-rosa 2127
cor de laranja (a) 1959
coração (o) 1294
coragem (a) 645
corajoso 335
coral (o) 625
corar 294
corcunda (a) 1399
corda de secar roupa (a) 552
corda (a) 626, 2455, 2853
cordeiro (o) 1561
corneta (a) 373, 1375
corno (o) 1376
coro (o) 521
coroa (a) 683
coroar 684
corpo (o) 300
corredor (o) 41, 632, 1244, 2036
correio (o) 2209
corrente (o) 704
corrente (a) 480, 1603
correr 1031, 1405, 1492, 2475, 2479, 2776
correr em fio 3071
corrimão (a) 165
corrimão (o) 1256, 2335
cortador (o) 394
cortador de unhas (o) 1870
cortar 452, 525, 709
cortar a grama 1852
cortar a relva 1852
cortês 1176
cortina (a) 705
coruja (a) 1981
corvo (o) 681, 2351

ccsta (a) 565, 2616
costas (as) 142
costela 2414
costura (a) 2547
costurar 2573
cotovelo (o) 881
cotovia do prado (a) 1757
cotovia (a) 1577, 2670
couro (o) 1604, 1325
couro cabeludo (o) 2517
couve-de-Bruxelas (a) 366
couve-flor (a) 464
covarde 651
covil (o) 1559
covinha (a) 769
coxa (a) 2971
coxear 1651
cozinha (a) 1536
cozinheiro (o) 619
crânio (o) 2668
cravo (o) 443
crepúsculo (o) 854
crescer 1219
criança (a) 511, 1435
criatura (a) 666
criminoso (o) 671
crina (a) 1726
crisântemo (o) 528
crista (a) 2753
cristal (o) 690
crocodilo (o) 672
crosta (a) 687
cru 2354
cruz (a) 678
cruzamento (o) 1453
cubo (o) 280, 692, 693
cuidar 440
culpa (a) 965
culpado 1226
culpar 266
cume (o) 2058, 2420
cumprimentar 1201
cunha (a) 3229
cúpula (a) 802
curioso 702
curva (a) 235, 706
cuspir 2760

d

dama (a) 1556
damasco (o) 87
dançar 726
dançarina (a) 727
danificado 724
dar 1145, 1184
dar as boas-vindas 3237
dar baforadas 2275
dar cambalhotas 2724, 3097
dar corda 3275
dar gorjeta 3005
dar um soco 2284
dar uma dentada 256
dar uma risadinha 1138
dardo (o) 731
data (a) 733
de 1076
de cabeça para baixo 3136
de estimação 2092
de novo 28
de peles (o) 1090
de repente 2863
debaixo 232
debaixo de 3124
debicar 2067
decidir 740
décimo (o) 2961
decoração (a) 743
dedal (o) 2972
dedo (o) 993
dedo do pé (o) 3013
degrau (o) 2812
deitar-se 1633
deixar 499, 838, 1605, 1621
deixar cair 836
delgado 2973
demais 1853
dentada (a) 257
dente (o) 2258, 3024, 3110
dente canino (o) 954
dente-de-leão (o) 728
denteado 1475
dentista (o) 748
dentro 1429, 1445
dentro da casa 1434
denunciar 1438
depenar 2163
depois de 26
depósito de lixo (o) 850
derivar 825
derramar 2754
derreter 1770
desajeitada (a) 137
desajeitado 2691
desamparado 1309
desanimado 1370
desaparecar 778
desastrada (a) 137
desastre (o) 779
descalço 171
descansar 2050, 2393
descarregar 851, 3132
descascar 2072
descer 1158
descer de 1130
descobrir 780
descongelar 2965
descuidado 441
desculpar 81
desculpe 919
desembrulhar 3134
desenhar 816, 3043
deserto (o) 750
desesperado 1370
desfiladerio (o) 429
desfile (o) 2019
deshonesto 785
deslizar 1153
deslumbrante 1171
desmaiar 2035
desmontar 2911
desobediente 1879
desordem (a) 1776
desperdiçar 3207
despertador (o) 42
despir-se 3127
desprezar 1891
destro 2423
destroço (o) 3310
destruir 753
desvantagem (a) 1254
desviar-se 2892
detective (o) 755
detestar 787
detetive (o) 755
dever 1980
devidamente 2263
devolver 352, 1146, 2409, 2913
dez 2957
dezembro 739
dia (o) 735
diagonal (a) 757
diagrama (o) 758
diamante (o) 759
diário (o) 720, 761
dicionário (o) 762
diferença (a) 764
diferente 765
digar 2512
digerir 767
dilatar-se 923
diminuir a velocidade 2695
dinamitar 270
dinheiro (o) 454, 1824
dinossauro (o) 773
direção (a) 774
direcção (a) 774
director (o) 2243
direita 2421, 2422
direito 2837
diretor (o) 2243
disco (o) 2373
disco de hóquei (o) 1345
discutir 94, 781
disfarce (o) 783
disparar 2612
dissolver 788
distância (a) 789
distante 790, 2396
distintivo (o) 146
distribuir 1251
divertir-se 1085
dividir 794
dizer 2954
dobra (a) 665
dobradiça (a) 1334
dobrar 236, 1041
doca (a) 797
doca (o) 2112
doce 2891
doença (a) 782
doente 1425, 2634
doente (o) 2048
doer 11, 1406
dois 3118
domado 2923
domingo (o) 2869
doninha (a) 3224
dono da loja (o) 1209, 2614
dor (a) 1995
dor de cabeça (a) 1288
dor de dente (a) 3025
dormir 2678
dormitar 810
dragão (o) 813
duas vezes 3112
duelo (o) 848
duplo 806
duque (o) 849
duquesa (a) 846
dura 1274
durar 1580
duro 1268, 2818
dúzia (a) 811

e

eclipse (a) 873
eco (o) 872
educado 2188

eglefim (o) 1235
egoista 2561
égua (a) 1735
eixo (o) 139
elástico (o) 880
elefante (o) 885
elegante 2698
eleição (a) 882
eleitor (o) 3175
electricidade (a) 884
electricista (o) 883
eletricidade (a) 884
eletricista (o) 883
elevador (o) 886
elogiar 2224
em 117, 1429
em branco 267
em breve 2727
em casa 1355
em chamas 44
em flor 285
em frente 1058
em frente de 1956
em pé 3135
em vez de 1449
em voz alta 53
emaranhado 2926
embaraçar 889
embaralhar 2631
embrulhar 3308
embrulho (o) 2022
ementa (a) 1772
emergência (a) 892
empilhadeira (a) 1055
empinar-se 2225
empoleirar-se 2453
emprestar 1615, 1674
empurrar 2296, 2621
encalhar 32
encher 986, 2282
encolher 2629
encontrar 1767
encosta (a) 2692
encosto (o) 1289
endereço (o) 17
enfeitar 742
enfiar 2981
enfrentar 2906
engasgar-se 523
engatinhar 661
engolir 2884
engraçado 1089
engrenagem (a) 1116
enguia (a) 875
enigma (o) 2418
enorme 899
enrolar 700
ensaiar 2389
ensinar 2942
enterrar 388

enterro (o) 1087
entrada (a) 902
entrar 901, 1129, 1159
entrar na água 3179
entre 61, 242
entregar 746, 2231
entregar-se 1147
entrevista (a) 1454
envelope (o) 903
envernizar 3142
enviar pelo correio 1717
enviar 2564
enxada (a) 1347
enxame (o) 2887
enxugar 3284
equador (o) 905
equilíbrio (o) 152
equipa (a) 2944
eremita (o) 1317
errado 3317
erupção (a) 2346
erva (a) 1314
erva daninha (a) 3231
ervilha (a) 2063
esbelto 2684
esbofetear 2674
escada (a) 1554
escada rolante (a) 907
escadaria (a) 2788
escala (a) 2831
escalar 544
escaldar 2514
escaler (o) 770
escalfar 2172
escapar 908
escarlate 2522
escarnecer 1815
escavadora (a) 376
escavar 766
escoadouro (o) 815
escola secundária 1330
escola (a) 2526
escolher 524, 2102, 2732
esconder 1326
esconderijo (o) 1327
escorar 2261
escorregadio 2690
escorregador (o) 2683
escorregadouro (o) 2683
escorregar 2688
escova (a) 363, 1238
escova de dentes (a) 365, 3026
escovar 362

escrever á máquina 3119
escrever 3316
escrivaninha (a) 751
escudo (o) 2598
escultor (o) 2542
escuna (a) 2527
escuridão (a) 730
escuro 768
escutar 1663
escuteiro (o) 2533
esfera (a) 2750
esforçar-se 2839
esfregar 2541
esguichar 2784
esmagar 686, 1742
espaço (o) 1101
espada 2899
espalhar 2771
espalhar lixo 1665
espantalho (o) 2520
espantar 114
espargo (o) 112
espelho (o) 1805
espelho retrovisor (o) 2364
esperar 924, 1369, 3184
esperto 3271
espesso 2969
espinafre (o) 2756
espinho (o) 2979
espinhoso 2238
espiral (o) 573, 2758
espirrar 2710
esplêndido 1714
esponja (a) 2764
esposa (a) 3267
espreguiçar-se 1694
espuma (a) 367, 1039, 1583
esquecer 1052
esqueleto (o) 2659
esquerda 1609
esqui (o) 2661
esqui aquático (o) 3216
esquiar 2662
esquilo (o) 2783
esquisito 3236
estábulo (o) 2785
estaca (a) 2789
estação (a) 2550
estação de comboio 2801
estação de trem (a) 2801
estação de serviço (a) 1113, 2800
estacar 2261

estacionar 2025
estalar 2196
estar 199
estátua (a) 2802
este (o) 866
estender 2849
esticar 2849
estilingue (o) 2687
estômago (o) 2825
estorninho (o) 2797
estou curado 699
estourar 2196
estrada (a) 2437
estragado 145, 2763
estragão (o) 2935
estrangular 522, 2841
estranho 2840
estreito 1875
estrela de natal (a) 2176
estrela (a) 2795
estremecer 3273
estudante (o) 2856
estudar 2857
estufa (a) 1200
estuque (o) 2147, 2148
etiqueta (a) 1550
Europa (a) 909
evaporação (o) 910
exame (o) 915
examinar 916, 1447
exemplo (o) 917
exibir-se 2624
existir 921
experiência (a) 926
experimentar 2963
explicar 928
explorar 929
explosão (a) 269, 930
extintor (o) 931

fábrica (a) 938
fábula (a) 936
façar mal 1270
face (a) 500, 1542
fácil 867
fada (a) 942
faia (a) 217
faisão (o) 2098
faisca (a) 2742
faixa (a) 161
falar 2745, 2920
falar baixinho 3258
falcão (o) 1282
falhar 940
falsificado 944
falso 949
família (a) 950

famoso 951
fantasia (a) 953
fantasma (o) 1134
farinha (a) 1030
farmacêutica 2096
farmácia (a) 2097
farol (o) 1641
fatia (a) 2110
fato (o) 2865
favo de mel (o) 1359
favor (o) 966
faz barulho 164
fazendo a pontaria 35
fazer 796, 1719
fazer cócegas 2994
fazer continência 2496
fazer exercício 3302
fazer ginástica 920
fazer girar 3116
fazer marcha atrás 2410
fazer parar 2830
fazer um desejo 3287
fazer um esboço 2660
fazer uma pausa 2050
febre (a) 980
fechadura (a) 1677
fechar 548
fechar à chave 1676
fechar 2897
fecho de correr (o) 3333
fedorento 2702
feio 3121
feira (a) 1739
feiticeiro (o) 3289
feiticeiro (o) 2728
feixe (o) 383
feixe de luz (o) 203
felicitar 612
feliz 1266
felpudo 2578
fêmea (a) 974
fenda (a) 2693
feno (o) 1283
férias (as) 1351, 3140
ferida (a) 361, 1442
ferida (a) 3307
ferradura (a) 1380
ferramenta (a) 3023
ferreiro (o) 264
ferro (o) 1466
ferrugem (a) 2480
ferver 301
festa (a) 2033
festejar 468
festival (o) 979
feto (o) 977
fevereiro 971

fibra de algodão (a) 1657
ficar 2803
ficar em pé 2794
ficha (a) 2164
fileira de quatro botões 2462
filha (a) 734
filho (o) 2725
filhó americana (a) 3180
filhote (o) 691
filme (o) 988
fim (o) 894
fim de semana (o) 3233
fino 2973
fio (o) 2980, 3285
firma (a) 1003
firme 1003
fisga (a) 2687
fita (a) 161, 2415
fita de vídeo (a) 3156
fita-cola 2930
fivela (a) 369
flauta de Pã 2011
flecha (a) 103
floco (o) 1012
floco de aveia 2202
floco de neve (o) 2713
flor (a) 1032
florescer 286
floresta (a) 1051
floresta virgem (a) 1507
flutuar 1026
foca (a) 2546
focar 208
fogão (o) 2836
fogo (o) 271, 997
fogueira (a) 304
foguete (o) 2444
folha (a) 1599
fome (a) 1401
fonte (a) 1062, 2774
fora 135, 1971
força da gravidade (a) 1193
forcado (o) 2134
forçar 1049
forma (a) 1842
formidável 1196
formiga (a) 71
fornalha (a) 1092
forno (o) 1524, 1974
forno de microondas (o) 1787
forro (o) 1655

forte (o) 1057, 2855, 3037
fósforo (o) 1748
fóssil (o) 1059
fosso (o) 1814
fotografia (a) 2100
fração (a) 1064
fracção (a) 1064
fraco 2195, 3221
frágil 353, 1065
fralda (a) 760
framboesa (a) 2347
frango (o) 508
franzir 1079
frasco (o) 1018, 1480
frase (a) 2566
frear 333
freguês (o) 708
freio (o) travão (o) 332
freio de mão (o) 1252
frente (a) 33, 1077
frequentemente 1941
fresco 1291
frigideira (a) 1082, 2007
frigorífico (o) 1072, 2384
frio (o) 512, 575, 622
fritar 1081
fronha (a) 2120
fronteira (a) 309
frouxo 1689
fruta (a) 1080
fugir 1023, 2476
fumar 2703
fundo (o) 318, 744, 1086
funil (o) 1088
furacão (o) 1404, 3032
furar 2286
furioso 65
fusível (o) 1094
futebol (o) 2716

g

gabar-se 297, 330
gado (o) 462
gafanhoto (o) 1189, 1679
gaiola (a) 404
gaita (a) 1271
gaivota (a) 1230, 2545
galeria (a) 1096
galho (o) 2816, 3113
galinha (a) 1312
galo (o) 380, 1705

galocha (a) 1978
galopar 1097
galpão (o) 1262
gambá (o) 1955
gamela (a) 3079
ganancioso 1197
gancho (o) 181, 299
gancho de ferro (o) 536
gangorra (a) 2557
ganhar 861, 3272
ganso (o) 1099, 1169
garagem (a) 1102
garanhão (o) 2792
garfo (o) 1054
garça (a) 657
garganta (a) 2984
gargarejar 1106
garoto (o) 1519
garrafa (a) 316
gás (o) 1109
gasolina (a) 1110
gastar 2749
gatilho (o) 3073
gatinho (o) 1538
gato (o) 457
gaveta (a) 818
geada (a) 1078
geladeira (a) 1072, 2384
gelar 1069
gelatina (a) 1484
gelo (o) 1413
gema (a) 3329
gémeo (o) 3114
gemer 1208
general (o) 1118
generoso 1119
gengibre (o) 1140
gengiva (a) 1231
génio (o) 1795
gente (a) 2080
gentil 1120, 1907
geografia (a) 1123
gerânio (o) 1124
gerbo (o) 1125
ferro de passar roupa (o) 1465
germe (o) 1126
gigante (o) 1135
gigantesco 1137
gilete (a) 2356
ginásio (o) 1330
gira-discos (o) 2374
girafa (a) 1143
girar 2755
girassol (o) 2871
girino (o) 2907
giz (o) 483
glacê (o) 1417

glaciar (o) 1148
glande (a) 13
golfe (o) 1166
golfinho (o) 801
golfo (o) 1229
golpear 1472
gordo 961
gorducho 2168
gordura (a) 1025
gorila (a) 1172
gostar 1644
gostar de 898
gota (a) 835
governar 1173
governo (o) 1174, 2472
gracioso 1697
gráfico (o) 494, 1187
grama (a) 1188, 1592
grama (o) 1179
grampo (o) 299
grande 245, 1576
granito (o) 1183
granizo (o) 1236, 2681
grão (o) 1178, 1515
grão-de-bico (o) 507
gravador (o) 2932
gravata (a) 2996
grávida 2228
grelhar 1203
greve (a) 2851
grilo (o) 670
grinalda de flores (a) 3309
gripe (a) 1033
gritar 2620, 3182, 3324
groselha (a) 703
groselha preta (a) 263
groselha verde (a) 1170
grosseiro 2469
grosso 2969
grupo (o) 1218
guarda-chuva (o) 3122
guarda-lama (o) 976
guarda-louça (o) 697
guarda-roupa (o) 3195
guardanapo (o) 1874
guardar 1222, 2298
guaxinim (o) 2325
guelra (a) 1139
guerra (a) 3194
guerreiro (o) 3201
guiar 1597
guindaste (o) 658
guitarra (a) 1228
guizado (o) 2815

h

hábil 1258
hábito (o) 1234
hálito (o) 341
Halloween 1243
hamster (o) 1249
hangar (o) 1262
harpa (a) 1273
hélice (a) 2262
helicóptero (o) 1303
hemisfério (o) 1311
heptágono (o) 1313
hera (a) 1471
hermético 38
herói (o) 1318
heroína (a) 1319
herpes-zoster (o) 2602
hesitar 1321
hexágono (o) 1322
hibernar 1323
hífen (o) 1412
hino (o) 1411
hipopótamo (o) 1337
história (a) 1338, 2835
hoje 3012
holofote (o) 2549
homem (o) 1723
honesto 1357
honra (a) 1362
hóquei (o) 1344
hora (a) 1387, 3002
horizontal 1373
horizonte (o) 1372
horroroso (o) 207
horta (a) 1105
hortelã-pimenta (a) 2082
hortelã (a) 1800
hospital (o) 1382
hotel (o) 1386
húmido 725
humor (o) 1830, 1831

i

iate (o) 3320
icebergue (o) 1415
idade (a) 30
ideia (a) 557, 1418
idêntico 1419, 2497
idiota 1420
iglu (o) 1423
igual 904
ilha (a) 1467
iluminar 1426
ilustração (a) 1427
íman (o) 1713
impermeável 3215
importante 1428
importunar 2091
impressão digital (a) 994
imprimir 2245
incêndio (o) 271, 999
incenso (o) 1430
inclinado 1601, 2673
incomodar 311
índice (o) 1432
índigo 1433
infecção (a) 1436
infeliz 3128
inferno (o) 1304
íngreme 2808
inicial (a) 1440
inimigo (o) 895
injeção (a) 1441
injecção (a) 1441
insecto (o) 372, 1444
inseto (o) 372, 1444
insígnia (a) 146
insistir 1446
inspector (o) 1448
instrução (a) 1450
instrutor (o) 1451
inteligente 2698
interruptor (o) 2896
inundação (a) 1028
invadir 1457
inválido 1458
inventar 1459
inverno (o) 3283
invisível 1460
ir 1157
ir-se embora 1606
íris (a) 1463
irmã (a) 2652
irmão (o) 358
isca (a) 148
isolação (a) 1452
isolante (o) 1452

j

já 55
jacaré (o) 48
jacinto (o) 1410
jacto (o) 1485, 1486, 1487
janeiro 1479
janela (a) 3278
jangada (a) 2333
jantar 871
jantar (o) 772, 2875
jaqueta desportiva (a) 272
jardim zoológico (o) 3334
jardineira (a) 1504
jarra (a) 3143
jato (o) 1485, 1486, 1487
javali (o) 295
jipe (o) 1483
joaninha (a) 1557
joelho (o) 1540
jogo (o) 1098
jogo da macaca (o) 1371
jóia (a) 1488
jóquei (o) 1491
jornal (o) 1904
jovem 3330
juiz (o) 1496
julgamento (o) 3068
julho 1499
junco (o) 1508, 2378
junho 1506
juntar 1493
junto 3014
justo 1510

l

lã (a) 1024, 3298
lá 2967
lábio (o) 1659
labirinto (o) 1755
laboratório (o) 1551
laçada (a) 1688
laço (o) 323
lado (o) 2635
ladrão (o) 674, 2440
ladrâo (o) 2970
ladrar 174
lagarta (a) 461
lagartixa (a) 1670
lago (o) 1560
lagoa (a) 2191
lagosta (a) 1675
lágrima (a) 2946
lama (a) 775, 1854
lamber 1630
lamentar 2388
lâmina (a) 265
lâmpada (a) 214, 1016, 1563, 1639
lança (a) 1565, 2746
lançar 1403, 1586, 2132, 3035
lance (o) 2133
lancha (a) 1585
lancheira (a) 1707

lanterna (a) 1017, 1572
lápis de cera (o) 663
lápis (o) 2075
laranja (a) 1958
largar 1621
largo 1576
lariço (o) 1574
lasca (a) 517, 2762
lata (a) 417
lata de lixo (a) 1104
latir 174
lava-loiça (o) 2648
lavagante (o) 662
lavandaria (a) 1589
lavandaria a seco (a) 844
lavar 2428, 3203
leão (o) 1658
lebre (a) 1269
lei (a) 1591
leitaria (a) 721
leite (o) 1793
lembrar-se 2395
lembrar 2368
leme (o) 1306, 2468
lenço (o) 1264
lençol (o) 2593
lenda (a) 1612
lenha (a) 3294
lente (a) 1616
leopardo (o) 1617
ler 2358
letra (a) 489, 1622
levantar 1297, 1636, 2103, 2340
levantar a mesa 542
levantar voo 2915
levantar-se de 1133
levar 2917
libelinha (a) 814
libra (a) 2217
lição (a) 1620
liga (a) 1108
ligadura (a) 163
ligar 613, 1656
lilás (o) 1646
lima (a) 1649
limão (o) 1613
limite (o) 1650
limonada (a) 1614
limpo 541, 1882
lindo 209, 1697
língua (a) 1571, 3020
língua-de-gato (a) 1558
linguado (o) 2138, 2722
linha (a) 1652, 2980
liquidificador (o) 275

líquido (o) 1035, 1661
lírio (o) 1647
liso 912, 2704
lista (a) 1662
litoral (o) 565, 2616
litro (o) 1664
livrar-se de 1132
livre 1068
livro (o) 305
lixar 985
lixívia (a) 273
lixo (o) 1103, 1509, 2466
lobo (o) 3290
loção (a) 1691
locomotiva (a) 1678
loiro 283
loja (a) 749, 2613, 2832
longe 955
lontra (a) 1969
louro (o) 197
lousa (a) 262
lua (a) 1832
lubrificante (o) 1943
lugar (o) 2137, 2523
lugar nenhum 77
lula (a) 2782
lupa (a) 1715
lutar 984, 3312
luva (a) 1155
luz (a) 1637, 2848

m

maçã (a) 84
maca (a) 2850
macaco (o) 79, 1825
maçaneta (a) 805, 1544
machadinha (a) 1278
machado (o) 138
macho (o) 1721
macio 2720
madeira contraplacada 2171
maduro 2431
mãe (a) 1839
mágica (a) 1711
mágico (o) 1712
magnete (o) 1713
maio 17512
mais 2170
mais ou menos 2
maiúsculo 433
mal-assombrado 1280
mal-me-quer (o) 1736
mala (a) 2866
malho (o) 1722

mamão (o) 2016
manada (a) 1315
mancha (a) 287, 2787
manchar 1700
manco 1562
mandar 592, 2564
mandíbula (a) 1481
maneira (a) 1728
manequim (o) 1056
manga (a) 1727, 2682
mangueira (a) 1381
manhã (a) 1834
manifestar 2265
manjericão (o) 187
manteiga (a) 395
mantimento (o) 1210
mão (a) 1250
mapa (o) 1730
maquilagem (a) 1720
máquina calculadora (a) 406
máquina fotográfica (a) 414
máquina de cortar grama 1593
máquina de cortar relva (a) 1593
máquina de costura (a) 2574
máquina de escrever (a) 3120
máquina de lavar roupa (a) 3204
máquina de secar (a) 845
maquinista (a) 897
maquinista (o) 606
mar (o) 2544
maravilhoso 3293
marcar golo 2532
marchar 1733
março 1734
margarida (a) 722
marido (o) 1407
marinheiro (o) 2491
marioneta (a) 2289
marmelo (o) 2320
mármore (o) 1731
marmota (a) 1217
marrom 360
martelar 1247, 2218
martelo (o) 1246
mas 393
máscara (a) 1743
masmorra (a) 853
massa (a) 1744, 2040, 2300
massa de pão (a) 807
massa lubrificante (a) 1195

mastigar 506
mastro (o) 1745
matar 1523, 1858
matemática (a) 1749
matricular-se 2387
mau 3265
mecânico (o) 1763
medalha (a) 1764
médico (o) 798
médio 1766
medir 1761
megafone (o) 378
meia (a) 2717, 2823
meia-calça (a) 1618
meia-noite (a) 1791
meio-dia (o) 1788, 1921
mel (o) 1358
melancia (a) 3214
melão (o) 1769
melão verde (o) 1360
melhor (o,a) 240, 241
meloa (a) 428
melro (o) 261
membro (o) 1771
menina (a) 1144
menino (o) 327
menos 1619, 1801
mensageiro (o) 1778
mensagem (a) 1777
mentir 1632
mentiroso (o) 1627
mercado (o) 1739
mercê de (à) 1773
mergulhar 793
mergulhar na 1501
mês (o) 1828
mesa (a) 2902
mesquinho 1759
metade (a) 1241
metal (o) 1779
meteorito (o) 1780
método (o) 1783
metro (o) 1782
metrónomo (o) 1784
mexer-se 1849
mexilhão (o) 1864
microfone (o) 1785
microscópio (o) 1786
migalha (a) 685
milagre (o) 1803
milha (a) 1792
milho (o) 629
mina (a) 1796
mineiro (o) 1797
mineral (o) 1798
minhoca (a) 3305
minuto (o) 1802
miragem (a) 1804

mirtilo (o) 292, 1394
míssil (o) 1808
misturar 586, 1812
mitene (a) 1811
moca (a) 556
moço (o) 1212
moderno 1818
moeda (a) 574, 1824
moer 1206
moinho (o) 1794
moinho de vento (o) 3277
mola (a) 2772
molde (o) 2049
moldura (a) 1066
molhado 1819, 3241
molhar 3242
molhe (o) 2112
molho (o) 382, 2506
momento (o) 1822
monstro (o) 1827
montanha (a) 1845
montão (o) 2116
montar a cavalo 2419
monte (o) 1292
montra (a) 2615
monumento (o) 1829
morango (o) 2844
morcego (o) 191
mordiscar 1906
morno 1702
morrer 763
morrer de fome 2799
morro (o) 1843
morsa (a) 3190
mortal 962
morteiro (o) 1835
morto 736
mosaico (o) 1836
mosca (a) 1036
mosquito (o) 1837
mostarda (a) 1866
mostrar 2623
mostrar-se aborrecido 2220
motocicleta (a) 1841
motor (o) 896, 1840
motoreta (a) 2530
motorista (o) 832
móvel (o) 1093
movimentar-se 1849
movimento (o) 1850
muitas vezes 1941
muito 1729, 3151
muito grande 1396
muleta (a) 688
mulher (a) 3291
mulher-polícia 2186
mulher polícia (o) 615

mulo (o) 1855
multa (a) 991
multidão (a) 682
multiplicar 1856
mundo (o) 3304
murchar 3270
músculo (o) 1859
museu (o) 1860
musgo (o) 1838
música (a) 1862

n

nabo (o) 3105
nação (a) 1876
naco (o) 1673
nadar 2893
não 1916
não concordar 777
não ter mais força 2478
narciso (o) 718
nariz (o) 1923
nascar 2433
nascente (o) 2774
nascer do sol (o) 2872
nascimento (o) 253
nata (a) 664
nato 312
natural 1877
natureza (a) 1878
naufrágio (o) 2605
nave espacial (a) 2738
navegar 1880
navio (o) 2604
navio-tanque (o) 2928
neblina (a) 1284, 1809
necessário 1883
necessidade (a) 1888
néctar (o) 1886
nectarina (a) 1887
nenê (o) 140
nenhum 75, 1894
neon (o) 1895
nervo (o) 1897
nervoso 1898
neto (o) 1180
neve (a) 2712
neve meio-derretida (a) 2696
nevoeiro (o) 1040
ninguém 1919
ninho (o) 1899
níquel (o) 1908
no 1455
no meio 1789
nó (o) 1546

nobre 1917
nobre (o) 1918
nódoa (a) 2767
noite (a) 1911
noitibó norte-americano 3255
noiva (a) 345
noivo (o) 346, 1211
nome (o) 1873
nono 1915
norte (o) 1922
nota (a) 247, 1738
notícia (a) 1903
nove 1914
novilho (o) 2809
novo 1902
noz (a) 1924, 3189
noz de pecã (a) 2066
nu 1872
nunca 1901
nuvem (a) 553
nylon (o) 1926

o

oásis (o) 1929
oblongo 1930
obra (a) 3300
observar 1931
oceano (o) 1932
oco 1352
octógono (o) 1933
óculo (o) 934, 1152
óculo protector (o) 1163
ocupado 392
odómetro (o) 1936
oeste (o) 3240
ofegar 2013
oferecer 1939, 2231
oficial (o) 1940
oficina (a) 3303
oiçar 1293
oitavo 879
oito 878
olá 1305
óleo (o) 1942
olhar 1686, 3209
olhar fixo 2796
olho (o) 932
ombro (o) 2619
ombro caído 2694
omelete (a) 1946
onça (a) 1970
onda (a) 3217
onde 3251
ondulado 701, 3219
ondulação (a) 2432
ônibus (o) 389

ônibus elétrico (o) 3077
ontem 3327
operação (a) 1954
orar 2226
ordenar 592
orégão (o) 1964
orelha (a) 859
órfão (o) 1967
órgão (o) 1965
orgulhoso 2266
orquestra (a) 1961
orquídea (a) 1962
orvalho (o) 756
osso (o) 303
ostra (a) 1985
ou 1957
ouriço (o) 1301
ouro (o) 1164
outono (o) 945
Outono (o) 131
outra vez 28
outro 69
outubro (o) 1934
oval 1973
ovelha (a) 2592
ovo (o) 876
oxigénio (o) 1984

p

pá (a) 2622, 2739
paciente 2047
pacote (o) 1987
padaria (a) 151
padeiro (o) 150
pagar 2053
página (a) 1993
pai (o) 963
painel (o) 732, 2010
país (o) 643
pais (os) 2023
paisagem (a) 2524
palácio (o) 2003
palavra (a) 3299
palco (o) 2786
paleta de pintor (a) 2005
palhaço (o) 555
palhinha (a) 2843
pálido 2004
palma (a) 2006
pancada (a) 289
panela (a) 2212
panqueca (a) 2008
pântano (o) 1741
pantera (a) 2014
pão (o) 336
papa-figo (o) 1966

papagaio (o) 1537, 2028
papagaio-do-mar (o) 2276
papeira (a) 1857
papel (o) 2017
papelão (o) 439
papoula (a) 2198
par (o) 911, 2002, 2032
para 117, 1048
pára-brisa (a) 3279
pára-choques (o) 381, 527
pára-quedas (o) 2018
pára-raios (o) 1643
Parabéns a você 254
parafuso (o) 302, 2539
paragem de autocarro (o) 390
paragem (a) 2829
paralela 2020
paralisar 2021
parapeito (o) 2642
parar 1245
pardal (o) 2744
parecer 82, 2559
parede (a) 3187
parente (o) 2392
parlamento (o) 2027
parque de diversôes (o) 941
parque (o) 2024
partar 2699
partícula (a) 2031
particular 2249
partida (a) 1747
partir-se 2588
parvo 2643
passa de uva (a) 2341
passado (o) 2039
passador (o) 181
passageira (a) 2037
passagem (a) 2036
passaporte (o) 2038
passar 2034
passar a ferro 1464
passar-se 1750
pássaro (o) 252
passatempo (o) 2042
passatempo (o) 1343
passo (o) 1047
pasta (a) 349
pasta dentífrica (a) 3027
pastar 1194
pastilha elástica (a) 1232

pastinaca (a) 2030
pasto (o) 2044
pastor (o) 2597
pata (a) 2052
pata traseira (a) 1335
patamar (o) 1568
patim de rodas (o) 2449
patinar 2657
pátio de recreio (o) 2155
pato (o) 847
pau (a) 2816
pauzinho para comer (o) 526
pavão (o) 2057
pavio (o) 3264
paz (a) 2055
pé (o) 1044
pé palmado (o) 3227
peão (o) 2070
pechincha (a) 172
peçonhento 2181
pedaço (o) 529, 2534
pedal (o) 2068
pedal de embraiagem (o) 558
pedal de embreagem (o) 558
pedal do acelerador (o) 1111
pedalar 2069
pedir 1963
pedir emprestado 313
pedir esmola 223
pedra preciosa (a) 1117
pedra de ardósia (a) 2676
pedra (a) 2826
pedreira (a) 2309
pedreiro (o) 344
pega (a) 1716
pegada (a) 1046
pegajoso 2817
pegar 459, 2910
peito (o) 504
peixe (o) 1005
peixe dourado (o) 1165
pele (a) 1325, 2664
pelicano (o) 2073
pelucia 2858
peludo 1091
pena (a) 809, 970, 2566
pena de ave (a) 2317
pêndulo (o) 2076
pendurar 1261

penedo (o) 319
penhasco (o) 543
pensar 2975
pentágono (o) 2079
pente (o) 584
pentear 585
penugem (a) 1034
pepino (o) 694, 2105
pequenina 3003
pequeno 1666, 2697
pequeno almoço (o) 340
pêra (a) 2061
perca (a) 2083
percevejo (o) 2905
perder 1690
perdoar 1053
perfume (o) 2086
perfurar 826
perguntar 110, 2313
perguntar-se 3292
perigo (o) 729
perito (o) 927
perna (a) 1611
pernada da árvore (a) 1648
pérola (a) 2062
perseguir 495, 2295
persiana 2632
pertencer 231
perto 1881
perú (o) 3099
pervinca (a) 2088
pesadelo (o) 1913
pesado 1299
pesar 3235
pescar 1006
pescoço (o) 1884
peso (o) 167
pêssego (o) 2056
pessoa (a) 2089
pestana (a) 935
pétala (a) 2094
petúnia (a) 2095
pia (a) 2648
piada (a) 1495
piano (o) 2101
pião (o) 3029
pica-pau (o) 3295
pica-peixe (o) 1531
picada (a) 2820
picante 1384, 1385, 2751
picar 525, 2237
picareta (a) 2104
pico (o) 2058
pijama (o) 2302
pilar (o) 2118
pilha (a) 195
piloto (o) 2121

pimenta (a) 2081
pináculo 2759
pinça (a) 539, 3111
pincel (o) 1999
pingar 830, 964
pingente de gelo (o) 1416
pinguim (o) 2077
pinha (a) 609
pinheiro (o) 996, 2125
pintar 1998
pintor 2000
pionésio (o) 2905
piquenique (o) 2107
pirâmide (a) 2303
pirata (o) 2129
pirulito (o) 1683
pisar 3054
piscar 277, 3282
piscina (a) 2193
pista (a) 557, 1570, 2427
pistácio (o) 2130
pistola (a) 2131
píton (o) 2304
placa (a) 1629
plaina (a) 2142
planador (o) 1154
planalto (o) 2152
planeta (o) 2143
plano 1019, 1625
planta (a) 2145
plantar 2146
plasticina (a) 2150
plástico 2149
plataforma (a) 1587, 1989, 2153
plural 2169
pneu de reserva (o) 2741
pneu (o) 3007
pó (o) 855
pobre 2195
poça (a) 2274
poço (o) 3238
podar 2271
podre 2459
poema (o) 2175
polegada (a) 1431
polegar (o) 2988
poleiro (o) 2084
pólen (o) 2189
polícia 2185
polir 2187
poltrona (a) 96
polvo (o) 1935
pomar (o) 1960
pomba (a) 808, 2114
pónei (o) 2192

ponhar 2297
ponta (a) 2178
ponte (a) 347
ponte levadiça (a) 817
pontiagudo 2179
ponto de exclamação (o) 918
ponto de ônibus (o) 390
ponto (o) 2087
pontual 2285
popular 2199
pôr 2798
por 1048
por cima de 3
por favor 2159
pôr do sol 2873
pôr no correio 2208
por volta de 99
porão (o) 471
porca (a) 2736
porcelana (a) 516
porco (o) 2113
poro (o) 2201
porque 211, 3263
porta (a) 804
portão (o) 1114
portátil 2204
porto (o) 1267, 2203
pôr 2813
possivelmente 1753
possuir 1982
poste (o) 1564, 2184, 2207
posto de gasolina (o) 1113, 2800
potro (o) 582
pouco 981
poupar 2508
pousar 1567
povo (o) 2080
pradaria (a) 2223
prado (o) 1756, 2141
praga (a) 2090
praia (a) 200
prancha (a) 2144, 2489
prata (a) 2644
prateleira (a) 306, 2594
praticar 2222
prato (o) 716, 784, 2151, 3106
precisar 1889
preço (o) 2236
prefeito (o) 1754
preferido 967
preferir 2227
prega (a) 2160
pregar 1871

prego (o) 1868
preguiçoso 1421, 1596
prémio (o) 2250
prender 101, 1349
preocupar-se 3306
preparar 620, 1986
presa (a) 954, 2235
presente (o) 1136, 2229, 2230
presidente da Câmara Municipal (o) 1754
prestidigitator (o) 1497
preto 259
prima (a) 647
primário 2239
primavera (a) 2773
primeiro 1004
prímula (a) 2240
princesa (a) 2242
príncipe (o) 2241
princípio (o) 2244
prisão (a) 1476, 2247
prisioneiro 2248
prisma (o) 2246
privado 2249
problema (o) 2251
procurar 2548
produto (o) 2252
produzir 2253
professora (a) 2943
programa (o) 2254
proibido 2255
projectar 2141
projecto (o) 2256
projeto (o) 2256
prometer 2257
pronto 2359
pronunciar 2259
propriedade (a) 2264
protestar 2265
prova (a) 2260, 2323
provar 2267
provavelmente 1645
provérbio (o) 2268
providenciar 2269
público (o) 125
pudim (o) 2273
pugilista (o) 326
puído 2575
pular 320, 1368, 1500
pulga (a) 1022
pulmão (o) 1708
pulover (o) 2279
pulseira (a) 329
pulso (o) 2280, 3314
pulverizar 2770
punhal (o) 719
punho (o) 695, 1008

puro 2291
puxador (o) 1255
puxar 2277
puxar com força 3095

q

quadrado 2778
quadrilha (a) 1100
quadro (o) 248, 262, 2001, 2108
qual 3252
qualquer 76
quando 3250
quantidade (a) 2307
quarta-feira 3230
quarteirão (o) 281
quartel (o) 178
quarto (o) 2310, 2452
quarto de dormir (o) 215
quase 50
que 3245
quebra-cabeça (o) 1489, 2301
quebra-nozes (o) 1925
quebrar 337, 2708
queijo (o) 501
queimar 386
queixo (o) 515
quem 3262
quente 1383, 3197
querer 3193
querido 738
quieto 2316
quilha (a) 1513
quilograma (o) 1525
quilómetro (o) 1526
quinta (a) 957
quinta-feira 2991
quintal (o) 3321
quinto 983
quiosque (o) 1532
quivi (o) 1539

r

rã (a) 1075
rabanete (o) 2331
rábano (o) 1379
rabo (o) 2908
rachadura (a) 654
radiador (o) 2329
rádio (o) 2330
rainha (a) 2312
raio (o) 1642, 2355, 2332
raio X (o) 3318

raiz (a) 2454
ralador (o) 1190
ramo (o) 321, 334, 1698
ranhura (a) 1214
rápido 959, 2314, 2344
raposa (a) 1063
raptar 1521
raqueta de neve (o) 2714
raro 2345
rasgar 2430, 2947
raspadeira (a) 2536
rasto (o) 3049, 3063
ratazana (a) 2348
rato (o) 1846
razoável 2366
real 2464
realmente 2362
rebelar-se 2367
rebentar 387
rebocar 3038
reboque 3050
recado (o) 906
recear 968
receber 2369
receita (a) 2371
récem 2370
recife (a) 2379
recitar 2372
recortar 711
rectângulo (o) 2376
recuar 143
recuperar os sentidos 589
recuperar 2375
recusar 2385
rede (a) 1248
rede de proteção (a) 2538
rede de proteçâo (a) 2538
rédea (a) 348, 239
redondo 2461
refeição (a) 1758
reflexão (a) 2383
regador (o) 3211
regente de orques (o) 605
região (a) 791, 23
regra (a) 2244, 24
rei (o) 1530
relâmpago (o) 1642
relinchar 1892
relógio (o) 547, 2306
relógio de bolso (o) 3208
relógio de pulso (o) 3315

relógio de sol (o) 2870
relva (a) 1188, 1592
remar 1991, 2463
remédio (o) 1765, 2045
remo (o) 1928, 1990
rena (a) 2390
renda (a) 1552
render-se 2881
repartir 2582
repartir as coisas 2194
repelente 1060
repetir 2400
repique (o) 2059
repolho (o) 399
repousar 2393, 2407
reprovar 939
réptil (o) 2403
repugnanto 1215
reservatório (o) 2405
resolver 2723
respirar 342
responder 2402
responsabilizar 266
responsável 2406
resposta (a) 70
restaurante 2408
retrato (o) 2206
reunião (a) 1768
revestir 2041
revista (a) 1709
revolta (a) 2429
rezar 2226
riacho (o) 667
riacho (o) 356, 2845
rico 2417
rim (o) 1522
rimar 2413
rinoceronte (o) 2411
rio (o) 2436
rir 1584
risca (a) 2854
risco (o) 2434
rival (o) 2435
rocha (a) 319
rochedo (o) 2442
roda (a) 3247
rolar 2448
roldana (a) 2278
rolha (a) 627, 2165
rolo (o) 2447
rolo da massa (o) 2450
romã (a) 2190
rombo 293
ronronar 2293
rosa (a) 2456
rosado 2458

rosnar 1220
rosto (o) 937
roubar 2805
rouco 1342
roupa (a) 551, 1588, 1653
roupa interior 3126
roupeiro (o) 549
rouxinol (o) 1912
roxo 2292
rua (a) 2847
rubi (o) 2467
rude 293
ruela (a) 47
rugir 2438
ruibarbo (o) 2412
ruído (o) 2474
ruim 3265
ruína (a) 2471

S

sábado 2505
sabão (o) 2715
saber 1547
saber bem 1746
sábio 3286
saborear 2938
saboroso 2939
saca-rolhas (o) 628
saco de dormir (o) 2679
saco (o) 2483
sacola (a) 147
sacudir 2579
sagrado 1354, 2484
saguão (o) 1242
saia (a) 2667
saiote (o) 1527
sair 922, 2814, 3103
sair do lugar 588
sair do ovo 1277
sal (o) 2495
sala de aulas (a) 538
sala de estar (a) 1669
sala de jantar (a) 771
salada (a) 2492
saldo (o) 2493
salgueiro (o) 3269
saliência (a) 1607
salivar 824
salmão (o) 2494
salpicar 2775
salsa (a) 2029
salsicha (a) 2507
saltadora (a) 1503
saltar 320, 1368
saltar à corda 2665

saltar sobre 1502
salvar 2404
sandália (a) 2499
sanduíche (o) 2500
sanduíche (a) 2500
sangrar 274
sangue (o) 284
sanita (a) 3015
sapateiro (o) 2611
sapato (o) 2609
sapo (o) 3009
saraiva (a) 2681
sarampo (o) 1760
sarar 1290
sarda (a) 1067
sardinha (a) 2502
sarigueia (a) 1955
satélite (o) 2503
satisfazer 1184
se 1422
sebe (a) 1300
secador de cabelo (o) 1240
secar 843
seco 842, 2790
século (o) 476
segredo (o) 2555
seguinte 1905
seguir 1042
segunda-feira (a) 1823
segundo (o) 2554
segurar 1348
seguro 2876
seis 2654
seiva (a) 2501
seixo (o) 2065
sela (a) 2486
selo (o) 2793
selvagem 3268
sem enfeites 2139
semana (a) 3232
semear 2737
semente (a) 1515, 2558
semicírculo (o) 2563
sempre 59
sempre verde 913
senhora (a) 1556
senhorio (o) 1569
sensato 3286
sensível 2565
sentar de cócoras 2780
sentar-se 2653
sentinela (a) 2567
sentir-se 973
separado 78
sequestrar 1332
ser 199
ser proprietário 1982

sereia (a) 1774
série (a) 1177
serpente (o) 2707
serra (a) 2509
serra de cadeia (a) 481
serradura (a) 2511
serrar 2510
servir 25669
sete 2570
setembro 2568
sétimo (o) 2571
sexta-feira 1071
sexto (o) 2655
sicômoro 2900
silencioso 2641
sim 3326
simples 2645
sinal luminoso (o) 3048
sinal (o) 2638
sinalizar 2639
singular (o) 2647
sino (o) 229
sinto saudades 1807
sirene (a) 2651
soberano (o) 2473
sobor (o) 1021
sobrancelha (a) 359, 933
sobre 2, 1947
sobremesa (a) 752
sobrenome (o) 2879
sobretudo (o) 1976
sobrinha (a) 1910
sobrinho (o) 1896
socorrer 34, 2404
sofá (o) 637, 2719
sol (o) 2868
soldado (o) 2721
soleira (a) 2983
soletrar 2748
solitário 1684
solo (o) 1216
soltar 2394
soluçar 1324
somar 16
sombra (a) 2577
sonhar 820
sonho (o) 819
sonolento 2680
sopa (a) 2733
soprar 290
sorrir 1205
sorte 1700
sorvete (o) 664, 1414
sotão (o) 124
sótão (o) 1681
sotaque 6

sozinho 51
suar 2888
suave 2704
subir 544, 1160
subir para 1131
subir rapidamente 3335
subitamente 2863
submarino (o) 2860
substituir 2401
subtrair 2861
suco (o) 1498
sueter (o) 2889
sujar 1700
sujo 776, 989, 1204
sul (o) 2735
sulco (o) 1214, 2481
sumo (o) 1498
superfície (a) 2877
supermercado (o) 2874
suplicar 2157
surdo (o) 737
surgir 82
surpresa 2880
suspender 1259
suspensório (o) 2883
suspirar 2637
sutiã (o) 328

t

tábua (a) 296, 1704
tábua de patins (o) 2658
taco de hóquei (o) 1346
talco (o) 2221
talento (o) 2919
talher (o) 713
talo (o) 2791
talvez 1753
tamanho (o) 2656
também 57
tambor (o) 841
tamborim (o) 2922
tampa (a) 649, 1631, 2165
tampão da roda (o) 1393
tangerina (a) 1724, 2925
tanque (o) 2927
tanque (o) 2405
tão ... quanto 106
tapete (o) 446
tarde (a) 27
tarefa (a) 2937

tartaruga marítima (a) 3109
tartaruga (a) 3034
tarte (a) 2109
táxi (o) 2940
tear (o) 1687
teatro (o) 2966
tecer 3226
tecido (o) 550
tecto (o) 467
teia (a) 567
telefonar 411, 2951
telefone (o) 2099, 2950
telefone público (o) 2054, 2272
telegrama (o) 2949
telescópio (o) 2952
televisão (a) 2953
telha de madeira (a) 2601
telhado (o) 2451
tem 1281
tem de 1865
temperamento (o) 2955
temperatura (a) 2956
tempestade (a) 279, 2834
tempo (o) 3225
temporal (o) 2990
tenaz (a) 2123, 3019
tenda (a) 2960
tenhor dor 2729
ténis (o) 2958, 2959
tentar 3091
ter pena de 2136
terça-feira (a) 3094
terceiro (o) 2976
terminal (o) 2962
termómetro (o) 2968
termômetro (o) 2968
terno (o) 2865
terra (a) 862, 863, 1566
terramoto (o) 864
terrível 136
tesoura (a) 2528
tesoura de tosquiar (a) 2590
tesouro (o) 3064
testa (a) 1050
teto (o) 467
tia (a) 127
tigela (a) 324
tigre (o) 2998
tijolo (o) 343
tímido 2633
tinta (a) 1443, 1996, 1997

tio (o) 3123
tipo (o) 1528
tipóia (a) 2686
tirar 1175, 2912, 2916, 2397
tirar o chapéu 2914
toalha de mesa (a) 550, 2903
toalha (a) 3039
toca de coelhos (a) 3200
tocar 2426, 3036
tocar, empurrar 2182
tocar um instrumento musical 1863
tocha (a) 3031
toco (o) 2859
todas 914
todos 46, 914
toicinho defumado (o) 144
tomada (a) 2718
tomar o café de manhã 869
tomar o pequen o almoço 869
tomate (a) 3016
tomilho (o) 2992
tonelada (a) 3021
tonto 795
topo (o) 3028
toranja (a) 1186
torcer 2769, 3117, 3313
tordo americano (o) 2441
tordo de remedos (o) 1816
tornar-se 212, 3103
torneira (a) 2929
tornozelo (o) 67
toro (o) 1682
torrada (a) 3010
torradeira (a) 3011
torre (a) 3040
torreão (o) 3108
torrente (a) 3033
torta (a) 2109
torto 675, 676
tossir 638
toucinho (o) 1575
toupeira (a) 1820
touro (o) 375
trabalhar 3301
trabalho (o) 1490
trabalho de casa (a) 1356
trabalho em madeira (o) 3297
traçar 3043

tractor (o) 3045
traje típico (o) 634
traje (o) 1972
trampolim (o) 3055
trancar 1581
transatlântico (o) 1654
transbordar 1977
trânsito (o) 3047
transparente 3056
transpirar 2888
transportar 3057
trapézio (o) 3060
traseiro (o) 2363
trator (o) 3045
travão de mão (a) 1252
travar 333
travessia de peôes (a) 2071
trazer 351
treinador 560
treinar 562, 3052
trem (o) 3051
tremer 2322, 3066
tremer de frio 2607
trenó (o) 2677
três 2982
trevo (o) 554
triângulo (o) 3069
triciclo (o) 3072
tricotar 1543
trigo (o) 3246
trincha (a) 364
tripulação (a) 668
triste 2485
trocar 486, 2886, 3046
troco (o) 485
trólei (o) 3077
tromba (a) 3088
trombeta (a) 3085
tronco (o) 3087
trono (o) 2985
tropeçar 3076
trovão (o) 2989
truque (o) 3070
truta (a) 3081
tubarão (o) 2583
tubo (o) 2711, 3093
tudo bem 56
tulipa (a) 3096
túmulo (o) 1191, 3017
túnel (o) 3098
turfa (a) 2064
turquesa 3107

u

uivar 1392
ulmeiro (o) 888
último 1579
ultrapassar 710
um 1949
uma vez 1948
umbigo (o) 230
úmido 725
unha (a) 1869
único 1951
unicórnio (o) 3129
uniforme (o) 3130
unir 1656
universidade (a) 3131
urso (o) 205
urso panda (o) 2009
urso polar (o) 2183
urtiga (a) 1900
usar 3137, 3223
usina (a) 938
útil 3139
uva (a) 1185

v

vaca (a) 650
vagabundo (o) 3053
vagem (a) 204, 1199, 2174
vaguear 3192
vairão (o) 1799
vala (a) 792, 3067
valeta (a) 1233
vangloriar-se 297
vantagem (a) 22
vapor (o) 2806, 3141
vaqueiro (o) 652
varanda (a) 153, 2200
varicela (a) 509
varinha (a) 3191
vários 2572
varrer 2890
vaso sanitário (o) 3015
vassoura (a) 357
vazar 2219
vazar por meio de bomba 2282
vazio 893
veado (o) 745
veia (a) 3148
veículo (o) 3146
vela (a) 421, 2488
velho 1944
vencer 3272
vender 2562
veneno (o) 2180, 3149
venenoso 2181
ventania (a) 1095
ventilador (o) 952
vento (o) 3274
ver 2556
verão (o) 2867
verdade (a) 3090
verdadeiro 2360, 3084
verde 1198
verdura (a) 3145
verificar 499
verme (o) 1710
vermelho 2377
verruga (a) 1821, 3202
verter 1600
vertical 3150
vespa (a) 1377, 3206
vestido (o) 821
vestir 3223
vestir-se 822
veterinário (o) 3153
véu (o) 3147
viagem (a) 3075, 3177
viajar 3061, 3192
vida (a) 1634
videira (a) 3160
vídeo-cassete (o) 3155
vidro (o) 1150
vieira (a) 2516
vigiar 3209
vilão (o) 3159
vinagre (o) 3161
vinco (o) 665
vinho (o) 3280
violão (o) 1228
violeta (a) 3162
violino (o) 3163
vir 587
virar 1979, 3100, 3104
virar-se 3004
vírgula (a) 591
visco-branco (o) 1810
viscoso 2685
viseira (a) 3167
visitar 3166
visível 3165
vista (a) 3157
visto (o) 3164
vitela (a) 3144
vítima (a) 3154
viver 1439, 1667
vivo 45
vizinho (o) 1893
voar 1038
vocabulário (o) 3168
vogal (a) 3176
voleibol (o) 3171
voltar 2409
voluntária (a) 3172
vomitar 2987, 3173
voraz 2352
votar 3174
voz (a) 3169
vulcão (o) 3170
vulgar 564

x

xampu (o) 2581
xarope (o) 2901
xícara de chá 696, 2941
xilofone (o) 3319

z

zebra (a) 3331
zero (o) 3332
zombar 1815
zona (a) 2602
zuquini (o) 3336